让你身价倍增百万的社交礼仪书

WORTH DOUBLED MILLION

〔案例插图版〕

汇智书源◎编著

中国铁道出版社
CHINA RAILWAY PUBLISHING HOUSE

内 容 简 介

当今社会，只会埋头苦干已经远远不够，要想真正地出人头地，就得让别人看得见你、看得起你，最直接的表现方式就是你的社交礼仪，其实你的水准就在你的言谈举止间。社交礼仪不仅是一种修养，更是一门艺术，它是职场人士左右逢源的制胜法宝，也是打开上级心扉的金钥匙，更是获得下级拥戴的灵丹妙药。礼仪是最强大的软实力，投入少、风险小，获得的回报却非常丰厚。

本书以社交中的各个沟通场景为切入点，生动、具体地讲述了面对不同的情景，要有不同的应对礼仪。本书内容贴近生活，非常便于读者理解和掌握，具有极强的可操作性和实用性，能够实实在在地帮助读者了解社交中各方面的礼仪技巧。

图书在版编目（CIP）数据

让你身价倍增百万的社交礼仪书：案例插图版/汇智书源编著. — 北京：中国铁道出版社，2016.6（2018.10 重印）

ISBN 978-7-113-21611-5

Ⅰ.①让… Ⅱ.①汇… Ⅲ.①心理交往－礼仪 Ⅳ.①C912.1

中国版本图书馆 CIP 数据核字（2016）第 050703 号

书　　名：让你身价倍增百万的社交礼仪书（案例插图版）
作　　者：汇智书源 编著

策　　划：武文斌　　**读者热线电话：**010-63560056
责任编辑：苏　茜
责任印制：赵星辰　　**封面设计：**MXK DESIGN STUDIO

出版发行：中国铁道出版社（北京市西城区右安门西街 8 号　邮政编码：100054）
印　　刷：三河市兴博印务有限公司
版　　次：2016 年 6 月第 1 版　2018 年 10 月第 6 次印刷
开　　本：710mm×1000mm　1/16　**印张：**17.25　**字数：**270 千
书　　号：ISBN 978-7-113-21611-5
定　　价：39.80 元

前言

FOREWORD

曾经有位企业经理给我讲过这样一段经历：

“有一次，我同某个销售公司经理共进晚餐，每当有一位漂亮的女服务员走到我们桌子旁边，他就会对我置若罔闻，紧盯着人家走出餐厅。我对此感到非常气愤，感到自己很不受尊重。心里暗想，在他看来女服务员的两条腿比我要对他讲的话还要重要得多。他没有听我讲话，简直是不把我放在眼里。这样的人居然是这家公司的销售经理，想必这家公司也好不到哪里去。于是，我最后决定取消与这家公司的合作。”

如果一个人不懂礼仪，就会出事，就会错失良机。我们的礼仪先师孔子曾经说过：“恭而无礼则劳，慎而无礼则葸，勇而无礼则乱，直而无礼则绞。”此言何意？就算你对人恭敬，如果不懂得礼仪，别人感受不到也是白恭敬；就算你做事谨慎，如果不懂得礼仪，给人的感觉不是谨慎而是胆小怕事；就算你非常勇敢，如果不懂得礼仪，就会鲁莽惹祸；就算你性格率直，如果不懂得礼仪，就会变得刻薄伤人。

由此看来，一个人不光是心里有礼貌就可以的，还要学习各种社交礼仪。其实，社交礼仪不是繁文缛节，更不是阿谀奉承，并没有我们所想的那么高深，礼仪是我们生活和工作中必不可少的交往技巧。礼貌是对人好，礼仪是让对方感受到你的好，只有借助一些规范和技巧，我们的礼貌才能更好地展现出来，并让对方乐于接受。

礼仪有着巨大的影响力，所以许多人把礼仪当作社交金钥匙，当作职场中的通行证。不懂得礼仪会处处“献丑”，甚至一个失礼的细节都可能将大好前程毁掉，让你追悔莫及；反之，拥有良好的礼仪无疑会为你增加诸多砝码。成功的人未必就是强势的，懂得礼仪的人更容易受到人们的青睐。

不管是在什么场合，讲究礼仪的人总会显示出别样的风采，会得到他人的尊重。即使你没有出众的外貌，可是你拥有绰约的风姿、时尚的发型、得体的服饰、不俗的言谈，这同样会让人着迷。想要成为一个优雅的人，必须要做到仪容端正、谈吐风雅、举止大方、彬彬有礼，这样才能成为生活中最具有魅力的人。

一个人即使智商高、情商高，但没有良好的礼仪也很难走向卓越。为此，本书将教大家如何做一个知礼、懂礼、受礼的礼仪达人。

本书分为秘诀篇和实战篇。在秘诀篇中介绍了什么行为是无礼的，以及如何做才能得到别人的认可，才能在职场中与人相处游刃有余。在实战篇中分别展现了在电话实战、时尚礼仪实战、国礼实战、难题解决实战、商务实战、危机处理实战、推销实战中出现的各种场景，并进行技巧讲解，让大家在面对这些场景时不会再手足无措。

社交礼仪是进行社会交往的行为规范与准则，被誉为步入社会的“通行证”，走向成功的“立交桥”。本书意旨是让大家在了解、掌握并合理运用各种礼仪的基础上，拥有大方、得体、优雅的举止，成为光彩耀人、人见人爱的魅力人士。

打开本书的你是否也在寻觅不一样的人生？此刻是人生的微妙时刻，是隐含着巨大转折的时机。希望本书能够帮助各位朋友提高自身的礼仪修养，展现出优雅迷人的气质！

编　者

2016 年 4 月

目录

CONTENTS

上篇　秘诀篇

下篇　实战篇

秘诀篇

礼仪是修养，是能力，也是处世资本。良好的礼仪不仅可以提高个人身价，也能展现社交品位，如何打造由内而外的气质已经成为人们在职场中成败的关键。在秘诀篇中，将为职场人士或即将进入职场的新人提供在职场中树立优雅形象、言谈落落大方的升职之道，助你成为职场的成功人士。

第一章

CHAPTER 01

海英秘诀：机会永远只有一次

海英任职业礼仪教师十余年，曾任北京奥运会、上海世博会北京分赛区礼仪指导。多次在人民大会堂、大使馆、中央电视台、北京电视台从事礼仪策划活动。

她认为一个人的谈吐能够表现出他的内在与品位，言语真正展现其内在的教育水平、世界观、金钱观、人生经历……人们说的每一个字都在表现着自己。因此，如何开口说好第一句话对于我们来说都是至关重要的，因为机会只有一次。

一、态度对了，就什么都对了

湖南卫视的主持一哥汪涵，相信大多数人都不会觉得陌生。汪涵特立独行的自我介绍："我可不简单，我是'江湖混血'，因为我爸妈，一个是江苏人，一个是湖南人。我是'江湖人'，还是'常杀人'（长沙人）。"听到这句话的观众们，一边笑得直不起腰，一边不禁佩服汪涵的聪明智慧。

一段精彩的自我介绍，必然会给人留下深刻印象，是让其他人记住你、喜欢你的第一步。在青涩的汪涵第一次登台做主持时，就已经把握住这个介绍自己的机会，让观众对这位新秀汪涵印象深刻。那是在 1998 年 5 月的一个周五晚上，汪涵终于登上《真情对对碰》节目的主持舞台，对着观众们大声说道："观众朋友大家好，我就是英俊潇洒、风流倜傥、无与伦比、天下第一、武功盖世、玉树临风的著名节目主持人吕念祖和仇晓的搭档——汪涵。"当时台下的观众都不禁笑起来，觉得这个叫汪涵的人真有意思！

汪涵当时在做自我介绍时，因为是主持娱乐节目，所以他就选择充满夸张、搞怪的方式，既具有娱乐意味，又把自己独特的一面展示给观众，不得不说这是一个精心设计的自我介绍。

很多名嘴煞费苦心，就是为了给自己设计一个有亮点的自我介绍，并且屡试不爽。

我们普通人在做自我介绍的时候，其实也可以借鉴这种方式，根据自身条件进行设计，给别人一个别开生面的第一印象。别出心裁的自我介绍不只是简单地报出姓名："我姓×，叫××。"这样的自我介绍根本不会被别人放在心上，或许只是短短的三五分钟，人家就已经把名字忘得一干二净，自然也就无法给别人留下一个深刻的印象。所以，想要别人记住自己，就要从精彩的自我介绍开始。

有亮点的介绍，前提是要有个好态度，如果是一个积极向上的人，那么话里话外透露出的都是正能量，人们自然就会喜欢上这个人，与其交往也肯定非常融洽。

其实只要仔细琢磨一个人的姓名，往往都会发现姓名存在着丰富的文化积淀，也许是和名人名事有着字面或深层次的关联，也许会折射出凝重的史实，又或者反映一个时代的乐章，或者寄寓着双亲对子女的殷切厚望。所以，在做自我介绍时可以在自己的名字上做一些文章，或许这会给人留下深刻的印象，有时也会令人动情。

1. 打个名人的旗号

在新生见面会上，徐紫菱自我介绍时说：“大家应该都很熟悉琼瑶阿姨的《一帘幽梦》吧，虽然我没有紫菱姐姐的舞蹈天分，但是我有一颗向往舞蹈的心，那么就请记住我，我叫徐紫菱。”

再如王菲菲：“我叫王菲菲，比‘天后’王菲多了一个‘菲’字，也许我爸希望我比她唱歌唱得更好，所以多加了一个‘菲’字。”

利用和名人的名字相近的方式来介绍自己的名字，关键是选的名人应该是大家都知道的，否则收不到效果。

2. 自嘲式

比如王美丽这个名字，在介绍自己时可以说：“不知道当年我的爸妈为什么给我取‘美丽’这个名字。我既没有标准的身高，也没有苗条的身材，更没有漂亮的脸蛋，这大概是父母希望我虽然外表不美丽，但不要放弃对一切美丽事物的追求吧！”

介绍自己时，加一些自嘲的话语，并不会招来别人的嘲笑，对方只会觉得你很幽默和大方。可见只要有积极的态度，就算是自嘲的介绍也会让人印象深刻。

3. 自夸式

如李小单："我叫李小单，木子李，大小的小，简单的单。都是几个非常简单的字，就像我本人一样，简简单单、快快乐乐。虽然简单，但是并不代表我没有追求，其实我是一个有理想并且非常执着的人，在追求的路上我快乐地生活着。"

在自夸的时候也要有个度，适当表现出积极乐观就行，千万不要盲目自大、自吹自擂。

4. 姓名的来历

比如陈子健这个名字，可以说："在我还没有出生的时候，我父亲就已经想好我的名字了。因为他们很喜欢这样一句古语'天行健，君子以自强不息'，于是我的名字就被敲定了，同时也希望我可以像君子一样自强不息。"

如果给名字加上这样一个有典故的故事，会让自己的名字给人一种形象感。

5. 巧用谐音式

朱伟慧是这样介绍自己名字的："我的名字读起来特别像'居委会'，大家以后不用客气，尽可以把我当成居委会，有困难的时候来反映反映，本居委会力争为大家解决。"

这样的谐音不仅让大家觉得很有趣，而且让人觉得很亲切、很随和，不记住她也不会不记住"居委会"。

6. 调换词序式

如周非："把'非洲'倒过来读就是我的名字——周非。"

如双胞胎姐妹可以这样介绍："她是妹妹杨倩一，我是姐姐杨一倩。"

通过颠倒顺序来介绍，往往会给对方一种新鲜感。

7. 摘引式

如任丽群这个名字，介绍的时候可以说："大家都知道'鹤立（丽）

鸡群'这个成语，但是我呢，是人（任），更希望出类拔萃，所以，我叫任丽群。”

从大家都熟悉的成语典故中来解释自己的名字，不仅让人记忆深刻，还会让人觉得此人很有文化感呢！

通过上述这些方法，一个人可以学着把自己的名字介绍得更有内涵，让别人更容易记住。但是，自我介绍中只介绍名字显得有些单一，应该再加入更多的信息量，这样会使自我介绍更加出彩，给人留下深刻印象。比如完全可以把自己的经历编成一个小故事，说给对方听，这样或许他们更加感兴趣。

总之，自我介绍是有很大发挥余地的，我们应该想方设法把它丰富起来，不要放过这样一个吸引人注意的机会。

二、控制好“界域”，彼此相处才更自然

杨明大学毕业后找到一份广告设计的工作，但是最近他有一些困惑。原来杨明知道自己刚刚毕业，没什么经验，需要公司前辈们多多帮助，所以他进入公司之后表现得格外谦虚，对公司上上下下的人都百般热心，无论谁有困难，他都会全力以赴，帮人家解决。开始的时候大家都很喜欢他，但是一段时间过去了，大家却慢慢开始疏远他。每次得到他的热心帮助后，被帮助者都会表现得很不乐意，杨明对此觉得很疑惑。

其实对于每一个身体健康、头脑清醒的人来说，得到和付出都应该是源于自身的需要。然而在人际交往当中，这两种需要是应该保持平衡的，一旦严重失衡，付出的远远大于得到的，或者得到的远远大于付出的，相互之间的关系维持起来就会很困难。

如果像杨明那样，一味地付出，而不给别人回报的机会，那么就会给别人造成心理上的压力，这种压力使彼此的关系失去平衡，愧疚感使受惠一方只能选择逃避。人际交往要留有余地，即使是好事，也不能一次做尽。初入社交圈的人认为自己全心全意帮助别人会使关系融洽、密切，但事实并非如此。因为如果一个人一味地接受别人的付出而没有机会回报，就会心理失衡。

中国有一句谚语叫“滴水之恩，当涌泉相报”，这其实是一种保持人际关系平衡的做法。彼此心灵都需要一定的空间，如果一个人想帮助别人，想和别人维持长久关系，那么不妨适当地给别人回报的机会，这样不至于因为内心的压力而影响双方关系。

曾经有一位心理学家做过这样一个实验：在阅览室刚刚开门的时候，当第一位读者坐下开始阅读刊物，这时候心理学家就走进去，并且紧挨着这位读者坐下，然后看他的反应，这个试验一共进行 80 多次。

实验结果证明：即使是在一个空旷的阅览室里，也没有一个人可以忍受一个陌生人紧挨着自己坐下。一旦心理学家坐在他们的身边，一大部分的人就会走开，或者干脆问道：“你想干什么？”这个实验说明了其实每个人都有属于自己的心理空间、身体空间，一旦这个空间被人侵犯时就会感到不安全、不舒服，甚至会因此发怒。所以在社会交往中把握交往距离是非常必要的。如果我们对某一个人表现出特别的关心，就容易让人误解自己有什么意图。那么人与人之间的交往距离是如何界定的呢？美国人类学家爱德华·霍尔博士为其划分了 4 种距离。

1. 亲密距离

平时称这个距离就是“亲密无间”，也是人际交往中最小的间隔，其最近距离在 15 厘米范围之内，彼此间能够肌肤相处、耳鬓厮磨，能够感受到对方的体温、气味、气息。稍远的范围是 15~44 厘米，身体上

的接触可表现为挽臂执手、勾肩搭背。只有情感密切的人才能达到如此距离。两个人之间能达到这种距离的，是爱人、恋人，同性是最好的朋友。在人际交往中，如果距离不够接近或过于接近，都会引起对方的反感，遭到排斥。

那么如果一应女士与自己的异性上司或者下属接近于这个距离，势必会造成不必要的误会，所以千万别给别人误解自己的机会。

2. 朋友距离

朋友距离的近距离范围是46~76厘米，身体上没有其他亲密接触，刚好能相互握手、友好交谈。这是与熟人交往的空间，陌生人交往时如果进入这个距离，就会使对方感到不自在，个人空间受到侵犯。

朋友距离的远距离范围是76~122厘米，任何朋友和熟人都可以自由地进入这个空间。不过，通常情况下，较为融洽的熟人之间交往时，保持距离更靠近远距离范围的近距离（76厘米）一端，而不熟悉的人之间谈话，则更靠近远距离范围的远距离（1.2米）一端。实际生活中，亲密距离与朋友距离通常都是在非正式社交场合中使用，在正式社交场合则使用社交距离。

3. 社交距离

这一距离体现了社交性和礼节上较正式的关系，社交距离的近范围在1.2~2.1米，这是一般的工作环境和社交聚会的标准距离。

有这样一个例子，一次开座谈会，工作人员安排座位时有个疏忽：两个并列的单人沙发间没有摆放增加距离的茶几，结果，客人不得不尽量靠到沙发外侧的扶手上，身体呈现后仰的姿势。可见，不同的情境，不同的关系，要有不同的人际距离，如果距离和情境不对应，一方或双方就会心理不适。

社交距离的远距离范围在2.1~3.7米之间，表现得是更加正式的社交关系。公司经理常用一张大而宽的办公桌，并将来访者的座位放在离办公桌有一段距离的地方，这样与来访者谈话时就能保持一定的距离。企业或国家领导人之间的谈判、招聘时的面谈、大学生论文答辩等场合，双方之间也会隔一张桌子，保持一定的距离，这样会增加庄重的气氛。

4. 公众距离

公众距离的近距离范围在3.7~7.6米之间，这种距离适合演讲者和听众之间的距离，当演讲者试图与某个特定的听众谈话时，他必须走下讲台，使两个人的距离缩短为个人距离或社交距离，才能够进行有效的沟通。公众距离的远距离范围在7.6米之外，这是一个几乎能容纳一切人的开放空间，人们在这一空间内，完全可以对其他人“视而不见”，不予交往，因为相互之间可能没有任何联系。

尽管上述4种距离都有一些数字范围，但是不同国家、不同民族、不同文化背景，对交往的定义也不尽相同。这种差距是由于人们对“自我距离”的理解不同造成的。

三、做一个有“礼”的介绍者

李经理为拉客户常常需要出去应酬。前段时间他的助理小朱辞职了，于是他招了一名刚毕业的女大学生小葛做助理。

由于想培养这名新助理待人接物的能力，李经理把一个新客户介绍给小葛，等到时机成熟了，他就准备和这位客户见一面商量具体的细节问题，于是双方约定在一个地点吃顿饭。

这天李经理和小葛先到，于是就先进到包间等待客户的到来。后来这位客户走进包间，他看上去只有二十多岁，相比之下李经理年长了不少，由于李经理没有见过这位客户，于是就给小葛使眼色让她给双方介绍一下。没想到小葛上来就对这位客户说："刘总，这是我们专门负责销售的李经理。"然后再跟李经理介绍说："李经理，这位是咱们的新合作伙伴刘总。"

这一番介绍下来，被介绍的双方都面露尴尬。稍微懂得介绍礼仪的人都会知道，如果给年长者和年幼者做介绍，应该先介绍年幼者再介绍年长者，可是这位助理偏偏搞混了这个顺序。最后双方虽然没有太计较这个失误，但是事后李经理还是批评了小葛，让她先去熟悉了职场礼仪再来上班，不然出去谈客户很丢人。

其实介绍礼仪是使两个人互相认识的一种途径，而且这个时候会给双方留下各自的第一印象，如果出现了失误，只会浪费了建立初次印象的机会。

他人介绍，又称为第三者介绍，它是经第三者为彼此不相识的双方引见介绍的一种介绍方式。

他人介绍，通常都是双向的，即将被介绍双方均做一番介绍。有时，也可进行单向的他人介绍，即只将被介绍者中的某一方介绍给另一方，其前提是前者了解后者，而后者不了解前者。

1. 遇到下述情况，通常有必要进行他人介绍。

第一，在家中，接待彼此不相识的客人。

第二，在办公地点，接待彼此不相识的来访者。

第三，与家人外出，路遇家人不相识的同事或朋友。

第四，陪同亲友前去拜会亲友不相识者。

第五，本人的接待对象遇见了其不相识的人士，而对方又跟他们打了招呼。

第六，陪同上司、长者、来宾时，遇见了其不相识者，而对方又跟他们打了招呼。

第七，打算推荐某人加入某一交际圈。

第八，收到为他人做介绍的邀请。

2. 他人介绍的顺序

在为他人做介绍时，先介绍谁、后介绍谁，是非常重要的问题。根据规范，处理这一问题，必须遵守“尊者优先了解情况”的规则。在为他人做介绍前，先要确定双方地位的尊卑，先介绍地位低者，后介绍尊者，可以使尊者优先了解对方的情况，在交际应酬中掌握主动权，以示对地位高者的尊重。

根据这些规则，为他人做介绍时的顺序大致有如下几种情况。

第一，介绍年长者与年幼者认识时，应先介绍年幼者，后介绍年长者。

第二，介绍长辈与晚辈认识时，应先介绍晚辈，后介绍长辈。

第三，介绍老师与学生认识时，应先介绍学生，后介绍老师。

第四，介绍女士与男士认识时，应先介绍男士，后介绍女士。

第五，介绍已婚者与未婚者认识时，应先介绍未婚者，后介绍已婚者。

第六，介绍同事、朋友与家人认识时，应先介绍家人，后介绍同事、朋友。

第七，介绍来宾与主人认识时，应先介绍主人，后介绍来宾。

第八，介绍社交场合的先到者与后来者时，应先介绍后来者，后介绍先到者。

第九，介绍上级与下级认识时，应先介绍下级，后介绍上级。

第十，介绍职位、身份高者与职位、身份低者认识时，应先介绍职位、身份低者，后介绍职位、身份高者。

3. 他人介绍的内容

在为他人做介绍时，介绍者对介绍的内容应当字斟句酌，慎之又慎。

倘若对此掉以轻心、词不达意、敷衍了事，很容易会给被介绍者留下不良印象。

根据实际需要的不同，为他人做介绍时的内容也会有所不同。通常，有以下 6 种形式可供借鉴。

第一，标准式。适用于正式场合，内容以双方的姓名、单位、职务等为主。

第二，简介式。适用于一般的社交场合，其内容往往只有双方姓名一项，甚至可以只提到双方姓氏为止。接下来，则要由被介绍者见机行事。

第三，强调式。适用于各种交际场合，其内容除被介绍者的姓名外，往往还可以强调一下其中某位被介绍者与介绍者之间的特殊关系，以便引起另一位被介绍者的重视。

第四，引见式。适用于普通的社交场合，做这种介绍时，介绍者所要做的是将被介绍者双方引导在一起，而不需要表达任何具有实质性的内容。

第五，推荐式。适用于比较正规的场合，多是介绍者有备而来，有意要将某人推荐给某人，因此在内容方面，通常会对前者的优点加以重点介绍。

第六，礼仪式。适用于正式场合，是一种最为正规的他人介绍。其内容略同于标准式，但语气、表达、称呼上都更为礼貌、谦虚。

四、不同情境下如何做介绍

艾丽是我的闺蜜，有一次我们公司举办节日晚宴，并且告知可以带一名朋友一起参加，于是我就邀请艾丽一起去。当然这是公司考虑到大龄未婚男青年而创造的福利活动，在晚宴上顺便可以解决单身青年的婚姻问题。

我们公司有一个男同事叫李桐，很早就拜托我帮他介绍一位女性朋友。于是我带艾丽去的消息很早就通知了他。为了表示自己的殷勤，李桐就开车去接我们。刚见面，李桐就让我给他们互相介绍一下。于是我就对艾丽说："艾丽，这可是我们公司的一大帅哥啊！名叫李桐，是我们公司的业务骨干。"然后对李桐说："这是我最好的朋友艾丽。"

艾丽伸出手与李桐握手，表示双方认识了。后来艾丽跟我开玩笑说："没看出来嘛！你这社交礼仪做得很到位啊！"我笑着说："不能白在职场混了这么久，如果这点礼仪都不懂，跟客户谈合同的时候不是该出笑话了。"艾丽点点头说："是啊！以后得多补充一点这方面的知识。"

后来，李桐对艾丽的印象不错，觉得她很懂礼貌，于是两个人就继续交往了下去。

在职场上给双方做介绍是一门艺术，需要掌握社交技能。一个人可能会在把一个人引荐给另外一个人的时候出错，但是也不要过于担心。只要为两个人做了介绍，就不会被人认为不礼貌。

在社交场合中，我们有为不相识者彼此引见的义务，但是在不同的情境下做介绍的方式也不同。

1. 在给女士介绍男士的时候

"姚莉，我想给你介绍一下威廉，他就住在你家附近。威廉，姚莉刚刚搬过来，有什么问题，你多照顾一点。"这时，女士应该先微笑，并且伸出手。

2. 向年长者介绍年轻人

"爸爸，这是我的好朋友肖剑。肖剑，这就是我爸。"这时爸爸应该先伸出手。

3. 向重要人物介绍某人

"杜总，这位是我的新助手张媛，今天刚上任。张媛，这是我们公司的合作伙伴杜总。”这时候张媛应该先微笑，等到杜总伸出手。

4. 向一群人介绍一个人

“安心、林丛、莫倩，这位是简爱。简爱，她们是安心、林丛、莫倩。”这时简爱应该先与安心握手。

5. 自我介绍

“你好，我是林夕，很高兴认识你。”讲话的同时应该伸出手。

在社交场合中，我们总会在不同的情形下遇见熟人，那么这些技巧可以帮助自己避免不懂介绍礼仪的尴尬。就算不懂如何给双方做介绍，也千万不要放弃做介绍，这比做错介绍更加让人难堪。

为他人做介绍是第三者为彼此不相识的双方引见的介绍方式。这时为他人介绍的过程都是双向的，第三者对被介绍的双方都要做一些介绍。有时只将被介绍者中的一方向另一方介绍。但前提是前者了解后者的情况，后者不了解前者。

一般为他人做介绍的第三者，是这个社交活动中的东道主，家庭聚会中的主人，公务交往中的礼仪专职人员，正式活动中地位、身份较高者。如熟悉被介绍的双方，又应一方或双方的要求，也可以充当介绍人。

但是也要注意在为他人做介绍的时候，要了解双方是不是有想认识的愿望，介绍过程中要慎重，千万不要贸然行事。事前最好征求一下双方的意愿，这样可以避免为原来就相识者或关系不好者做介绍。

介绍的时候，根据实际需要的不同，介绍内容也有所区别，一般来说只介绍双方的姓名、单位、职务，有时为了推荐一方给另一方，介绍时可以说明被推荐方与自己的关系，或强调其才能、成果，便于新结识的人相互了解与信任。介绍具体的人时，要用敬辞，如“张小姐，请允许我向您介绍一下，这位是查金小姐”。同时，应该礼貌地用手示意，而不要用手指去指点。

作为被介绍者，应当表现出结识对方的热情，目视对方，除女士和年长者外，被介绍时一般应起立。但在宴会桌上和会谈桌上只需微笑点头有所表示即可。

五、记住陌生人的名字

在A公司面试的小组讨论环节，赵娜被选为Leader，协调本组就一个项目进行讨论。讨论进行得比较顺利，大家也都踊跃发言，气氛比较融洽，在规定时间内得出了都认为不错的结论。两个主考官在旁边观察他们的一举一动。

讨论结束后，两个主考官走过来，组员都期待能够得到表扬，但考官说了第一句话："你们这组的表现很糟糕。"就在一组人都懵了的时候，考官解释道："首先，你们都没有称呼对方的名字。在讨论之前已经请你们做过自我介绍，台卡上也标有你们的名字，但你们都没有这样去称呼对方。"

"赵娜同学，不要看台卡，告诉我你对面同学的名字。"但是赵娜却怎么也想不起来。"记住对方的名字是很重要的礼节，特别是在和陌生人交谈中，这个细节非常重要也很容易被忽略。"

这个面试过程就是一堂生动的礼仪课，记住对方的名字是对人的基本尊重，但我们有多少次主动地记住了一个陌生人的名字呢？

名字是一个人的记号，代表着一个人的一切，荣与辱、成与败、高贵与卑贱……对于一个人来说，名字是所有语言中最突出的。记住对方的名字，用最动听的声音清清楚楚地把他叫出来，等于给对方一个很巧妙的赞美。而若是把他的名字忘了，或写错了，就会处于非常不利的地位。

若能够记住陌生人的姓名，不仅是商业活动中的基本礼仪，也是使对方产生良好印象的最好方法，这种本领在生活中大有用处。大家对你十分熟悉，你却叫不出他的姓名，虽然可以用含糊的方法敷衍过去，但心里终究觉得不安。有时因为地位的关系，你应该先招呼他，而他却不便先招呼你，如果记不起他的姓名不去招呼他，他会误认你是自大傲慢、目中无人，这就不妙了。

所以要在交际场中占到优势，熟记对方的姓名是一种必不可少的功夫。那么，怎样才能快速准确地记住对方的姓名呢？

1. 提前做好准备

许多公共场合或者宴会都会为大家提供名册或者名片，这样在开始前可以大致了解一下。如果没有提供的话，也可以通过朋友或者同事那里获取信息。

2. 联想记忆

我们可以把对方的名字与一些自己比较熟悉的事物联系在一起，这样会让你在最短的时间内记住对方的名字。需要注意的是，千万不要在称呼对方的时候把联想到的词语说出来，否则就很尴尬了。

3. 重复对方的名字

当你第一次被介绍给陌生人认识的时候，可以用向对方问好来重复一下他的名字，这个过程看似简单，但对记忆非常有帮助。例如，同事帮你介绍一个新客户："艾丽，这位是赵世军先生。"这个时候你可以说："您好，赵世军先生，很高兴认识您。"这样以重复对方名字的方式也会在你头脑中留下一定的印象。

4. 别怕，可以再去问问对方

我们每天都会叫到他人的名字，与他们打招呼或者交流信息，而每个人都会有忘记别人名字的时候。因为忘记他人名字会非常尴尬，所以很多人会想办法避免与自己记不住名字的人打交道。如果人人都这样

做，估计会耽误很多事情和时间。

如果你真的没有办法记住某个人的名字，最好的做法就是说句抱歉，然后再询问一下对方的名字，绝大多数人并不会反感这样的做法。可以说："非常抱歉，因为我们见面次数不多，虽然我试着想记住所有人的名字，但是……"

六、小名片大学问，传递出优雅与风度

章华是某公司的总经理，最近负责为新建的办公大楼添置一系列办公用具，预计金额为数百万元。经过一番考察后，章华决定向G公司购买这批办公用具，并通知该公司的销售人员前来，决定等对方到了就在订单上盖章。

结果销售人员比约定时间提前了2个小时，原来G公司听说章华公司的员工宿舍也要在近期落成，希望员工宿舍的用具也从他们公司购买。为了谈此事，销售负责人还带了一堆资料，摆满了台面。

章华没有料到对方会提前到访，刚好手边又有急事，便递上名片请对方稍等一会儿。销售负责人等了不到半个小时就不耐烦了，一边收拾资料一边说："我还是改天再来拜访吧！"这时，章华发现对方在收拾资料准备离开时，将自己刚递上的名片不小心掉在了地上，对方不仅没注意，还无意间从名片上踩了过去。结果这个不小心的失误却令章华改变了初衷，放弃与G公司的生意合作。

一般来说，新人在培训完以后，部门就会为其印制名片。那么这时新人就正式成为公司的一员。名片并不只是一种简单的备忘录，更是一种身份的证明，而这种身份在现代这样一个商业社会里，体现着一个人的信用。所以说，名片放在钱包里就是现金。因此，领到名片后必须要注意，因为名片是对外使用的，在外人看来，一个人把名片递给客人时，

代表的是自己的公司，说的每一句话，都承担着本公司的责任。

名片使用上的失误，看似很小，其实是巨大而不可原谅的错误。名片在商业交际中是一个人的化身，是名片主人“自我的延伸”，所以要十分注意名片礼仪。

许多客人非常看重名片，在接过名片后，首先是看对方所在的公司，然后才看对方所在的部门、职务和姓名等。当一个人递出自己的名片时，就代表他已经开始在职场上建立起自己的个人信用了，在职场上没有信用的人是没有什么前途的。

由于在现代商业交往中，名片的作用不仅重要，而且像电话一样被广泛地使用，所以，在交换名片时一定要做到规范。在许多职场新人看来，交换名片动作很简单，其实不然，如果注意使用名片的礼节，将对交流沟通大有裨益。

1. 要选好交换名片的时机

什么时候应该递上自己的名片呢？在与他人接触的时候，为了表示对对方的尊重，一个人应该递上名片；当作为第三人被介绍给对方的时候，也应该主动递交名片；如果由于自身的需要而初次拜访时，更应该递上名片，以加深自己给对方留下的印象；当一个人希望认识对方的时候，也可以通过名片进行初步的沟通。当对方提出交换名片时，应当立即做出回应，交换名片。

2. 递交名片的时候也要注意礼仪

在递交名片时，应该双手递过去，表示对对方的尊重。将名片放置在掌中，用拇指夹住名片，其余四指拖住名片的反面，名片的文字要正向对方，以便对方观看。名片的持有者在递交名片时，动作要从容，表情要亲切、自然。而且要把自己的名片事先准备好，整齐地放在名片夹、名片盒或者口袋中，以便易于掏出，在适当的时间得体地递交给对方。

递交名片的时间，应当根据实际情况而定。如果双方只是偶然相遇，在相互问候以后，得知对方有与自己交往的意向时，再递交名片。如果名片持有者与他人事先有约，一般要在告辞时递交名片。

如果是跟多人交换名片时，那么一定要注意先后次序，这是基本礼仪的体现，切不可像散发传单一样乱发一气，这种名片往往被认为没有价值。

3. 接受名片时，也要懂得礼仪

在接受他人名片的时候，应该起身站立，面带微笑迎向对方，恭敬地用双手的拇指和食指接住名片的下方两角，并轻声说："谢谢，能得到您的名片十分荣幸。"当着对方的面，用30秒以上的时间，仔细通读对方的名片。不懂之处应当立即请教："尊号怎么念？"随后郑重其事地将名片放入自己携带的名片盒或名片夹之中。要像尊重主人一样爱惜他的名片，千万不要弄脏或弄皱、反复把玩、随意放置。须知，污损了对方的名片等于污辱了对方本人。

4. 索要名片的礼仪

在一般场合中，名片交换有一个规则，地位低的人要先把名片给地位高的，女性最好不要主动向别人要名片。

如果非常想认识某人，或者因为公司的事物必须得到某人的联系方式，也可以主动索要名片。不要认为索要名片就一定可以得到，一定要遵守礼仪，才能既得到名片又给对方留下好印象。

索要名片的方式包括以下4种。

第一，遵守交易式。积极递交自己的名片。一个人首先给对方名片，按照交换原则，对方也应该给自己名片。

第二，明示法。在递交自己的名片给对方的时候，有时对方觉得还不了解自己，不愿意给自己名片，这时如果自己想要对方的名片而又得不到，就显得很尴尬。这时可以随便寒暄一下："您好，能不能有幸和您交换名片？"如果一个人的态度诚恳，话语又坦白，一般来说对方都不好意思拒绝。

第三，谦恭法。这种方法就是和对方说客气话。当自己递交名片的时候，顺便说一句："您好，以后我怎么向您请教呢？"对方见自己态度谦和，就会递上名片以便于彼此进行联系。

第四，平等法。当自己递交名片的时候，顺便说一句：“我以后怎样和您联系呢？”这种方式适合平等职务之间的交往使用。

七、如何表达歉意？有效避免不愉快

一次，香港著名畅销书作家梁凤仪女士应邀去北京大学做报告，时间定在下午3点。当天上午，她应邀参观了中央电视台的某个拍摄基地后，觉得时间还比较充裕，就和陪同人员共进了午餐。谁知在乘车去北京大学的路上赶上了堵车，结果迟到了一个小时。

报告会开始后，主持人一再向大家解释：“梁老师是因为堵车才迟到的。”但是，梁凤仪觉得自己的行为是不可原谅的，于是她对同学们说道：“各位同学，我在此向大家表示诚挚的歉意！堵车在北京是非常平常的事，但是我不应该为自己的迟到找借口，我事先应该将堵车的时间计算在内，提前做好充足的准备。如果在座的有一千位同学，那我迟到的这一个小时，对大家来说，就是影响了一千个人的心情，浪费了一千个小时的生产力啊！我只期望能够得到大家的原谅！”

她的这段话不仅使自己获得了同学们的谅解，赢得了热烈的掌声，更赢得了同学们对她发自内心的尊重。

人们常会说，家庭不是一个可以讨论谁对谁错的地方，但是人们会认为或许职场是一个可以摆事实、讲道理的场所，但是一旦矛盾上升到不可调和的地步，势必会引起争执。事实上，很多时候“得理不饶人”并不是聪明之举，而暂时理亏词穷的一方也未必就得忍气吞声，造成冷战最终影响的还是整个团队的工作效率。那么此时道歉就像突然空降的救兵，可以解救一个团队的尴尬。

如果有一个人站出来道歉，至少说明他已经选择面对这个问题，也说明那件事已经成为过去时。这就无形中给大家提了一个醒：别再纠结那已经过去的事情；同时，也给了这个事件一个时间上的界定，不管一个人承认与否，从此以后就是一个全新的开始。这种时空上的缓和，犹如调和剂，很多问题都可以迎刃而解。

有时候，问题双方都会意识到自己有推卸不掉的责任，但碍于面子谁都不愿意先开口，所以，如果有人肯道歉，无疑给对方提供一个良好的台阶，可以借此机会自我检讨与批评，对于责任也可以有个合理的分摊。对职场而言，可怕的不是出现问题，而是对问题的逃避。

1. 道歉不要和解释混为一谈

当我们迈出道歉第一步的时候，很容易忽略自己的初衷。但不要忘记，别人只有义务接受道歉，可没有义务连带解释一同接纳。所以，不要解释为什么会犯错、当时受到哪些不可控因素的限制，以及其实已经做了应急处理将损失降低到最小化，正确的做法是收起所有的委屈和借口，道歉就是道歉，一个人为错的那部分道歉是完全有必要而且合理的。至于其他的问题，可以重新再找机会和对方沟通。

2. 当面道歉最显诚意

有人喜欢含蓄的邮件，有人喜欢慢悠悠地写一封信，有人喜欢打电话、发短信，当然各有各的好处。但因为是职场道歉，所以，最好的方式也是最显诚意的做法，还是面对面地和当事人交流。直视对方，会将歉意更好地传达，而对方也能在第一时间感受得到。

3. 用清楚而正确的语言，而非煽动性的文字

通常，受伤害者要的无非是承认错误，并且表明以后不会再发生此类伤害。因此，如果用文字去道歉，必须注意避免过多情绪性的字眼，因为那是于事无补的。道歉的重点在于：发出清楚、直接、诚恳的道歉信息。

4. 不要立刻自以为是地做出自我批评

在道歉的同时对自己做出严厉的自我批评会给自己加分吗？大错特错。那只会弄巧成拙，而且徒增矫情之嫌。可以有选择性地准备一些问题的解决方案，但不要首先提供。应该主动征求对方的意见及询问对方有没有一些建设性的方法。

5. 给对方发泄不满的机会

尽量让对方说出对自己的不满之处，这总比积压在心里强。道歉说是一个很好的契机，要想化干戈为玉帛就得从让对方尽快释放出心理垃圾开始，否则不满淤积在胸中，会使双方处于貌合神离的状态。

6. 解决方案永远比道歉多一句

对话的重点在于自己接下来要做些什么，可能会发生什么，不是转移对方视线，而是利用道歉将过去画上一个圆满的句号，同时和对方就此问题达成一致并立即进入下一步骤。

7. 及时终结问题比反复沟通更有意义

身处职场，一定要懂得眼明手快的重要性。该沟通的时候就沟通，该道歉的时候就道歉，该住嘴的时候就住嘴。在同一个问题上纠结，不仅毫无意义，而且会让对方反感。

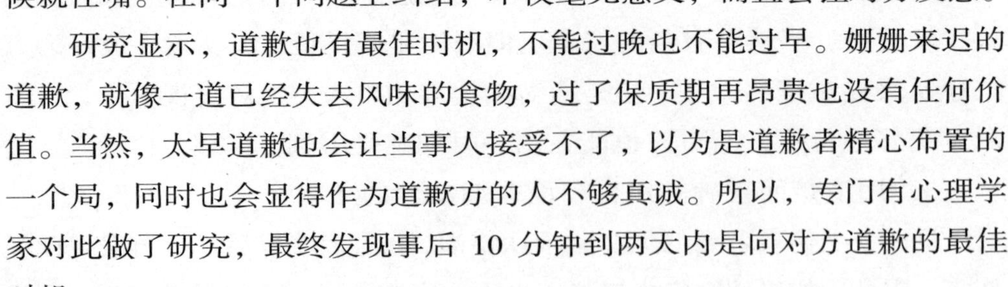

研究显示，道歉也有最佳时机，不能过晚也不能过早。姗姗来迟的道歉，就像一道已经失去风味的食物，过了保质期再昂贵也没有任何价值。当然，太早道歉也会让当事人接受不了，以为是道歉者精心布置的一个局，同时也会显得作为道歉方的人不够真诚。所以，专门有心理学家对此做了研究，最终发现事后 10 分钟到两天内是向对方道歉的最佳时机。

当然，根据不同的道歉时间，最好选择不同的道歉方式。事后 10 分钟的道歉，如果写一封长长的邮件或短信显然过于矫情。而在道歉的具体行为上，也要落实到每一个细节才好，比如口头道歉、行为补偿和心理沟通，可以交叉运用，嘴上不好意思说的，就在行动中体现，例如，请对方吃一顿饭、送对方一个精心挑选的小礼物、寄一张贺卡等。

东西虽微不足道，但只要用心，那份诚意是会及时到达对方心里的。如果对方接受了礼物，接受了道歉，不要忘了表示感谢，感谢对方能倾听自己的表达，包容自己的缺点，之后共同面对解决方案。

第二章

CHAPTER 02

张晓梅秘诀：别做他人眼中的无礼之人

张晓梅是中国美丽风尚的引领者，有“中国修炼魅力第一人”的美誉，曾进修美国加州大学，留美归国人士。

她说总是听到不少人抱怨：社交礼仪太烦琐、太虚伪，不如随心所欲，更不能体现出自我和独立的个性和风格。张晓梅认为：在现实世界中，每个人都不是绝对独立的，每个人在社会中都需要与人交往。良好的交往是有形式和规则的，这些形式和规则使人与人之间的交往变得更加舒适和得体，这些形式和规则就是社交礼仪，没有礼仪在他人眼中你就是一个无礼之人。

一、什么是无礼的行为

霍文文的爷爷快要过八十大寿了，为了送爷爷一份喜欢的礼物，她托朋友找了一位国画大师，想为爷爷求一幅山水画。她认为既然已经让朋友约好了大师，自己只要过去拿一下就可以了，于是早上起床后就匆匆出发了。

一见到大师，霍文文就冒失地说自己是来取画的，是某某介绍来的。大师看霍文文慌慌张张的样子非常不高兴，再加上霍文文说话一点儿也没有谦虚、礼貌的样子，大师非常生气，气呼呼地说："谁介绍你来的啊？我怎么不知道？谁介绍你来的你找谁要去！"说罢就走了。

于是霍文文找到自己的朋友，生气地讲述了自己的遭遇。朋友听后无奈地说："你也不想想，这位国画大师到哪别人不是毕恭毕敬的啊？你一副不在乎的样子，人家能给你画吗？"霍文文一听恍然大悟，原来是因为自己无礼得罪了人。

礼貌就是一个人的名片，说话有礼貌的人到处都会受到人们的欢迎。"敬人者，人恒敬之"。礼貌是一个人应有的基本修养，在和他人交谈的时候，有礼貌的人都会给人一种好感，受到别人的尊重。礼貌不礼貌，看似小事，可有时会直接影响到大事的成败。因此，在和他人交往的时候，一定要注意礼貌待人。

在职场中，好多人因为不懂礼仪，收到别人的名片后随便放，却没留意到对方的脸已经悄悄拉长了；也因为不懂礼仪，他们给领导敬酒时把酒杯举得比对方还高；哪怕是和同事打交道，他们也可能因为不懂礼仪而无形中得罪了到人，例如，代人接听电话，无意中知道他正准备跳槽，然后就开始大大咧咧替人宣传起来。

那么在众人眼中，这个人就是一个没有恶意但却很无礼的人。

在职场中让人倍感头疼的恐怕是一些无礼的行为。目前在职场中常见的无礼行为主要有以下几种：

1. 散布谣言

工作中的玩笑尽管无伤大雅，但难免被发展为令人生畏的闲话，尤其是一些女同事经常议论别人的是非。所以在职场中要学会管好自己的嘴，说话前先三思，千万别做个让人厌烦的人。

2. 逢人就说教

逢人就说教的人尽管出发点是好的，但由于表达方式不对，很容易给人压力。

例如，年龄稍大的中年妇女，总是操心这个，操心那个，别人的事都当自己的事做。于是就会口无遮拦地批评那些做得不到位的同事，虽然是出于好心，可是其表达方式常会给对方带来压力。

3. 不断灭人志气

灭人志气的人本身就自卑，所以只能通过挖苦他人，来助长自己的士气。有些人因为自身条件不好，看到别人比自己优秀，为了达到心理平衡就会说一些损人的话语。时间长了，这种人只会被人逐渐疏远，所以在职场中应该保持一颗平常心，尽量少跟别人议论长短。

在职场中，首先要对自己有所了解，这样才能不被别人的言行所左右。其次如果觉得对方的行为确实影响到自己，那么不如找个合适的时机婉转地告诉他，但切记要“对事不对人”。

二、握手：绝不能小觑的细节

王平是我的一位邻居，一次闲聊中，他跟我讲述了他去面试的经历。他在参加一家商务咨询公司面试时，现场用时不足十分钟，但是他就从众多应聘者中脱颖而出，轻松胜任“项目策划及执行经理”一职。王平说面试过程中似乎没问什么专业问题，就像很轻松的聊天。

然而主考官却给王平写下了这样的评语：面试开始与结束时的两次握手，简短、有力，表现得诚恳且专业。

可见握手是职场的必修课。如果说商务交流有硬通货，那么握手就是最频繁使用的货币。过去，握手表示没有武器，象征信任和友谊。今天，握手也象征尊敬和礼貌。它能够给人留下深刻的印象。强有力的握手、眼睛直视对方将会搭起积极交流的舞台。

若对方握手方式糟糕，应设法调适，以不使对方尴尬。若对方过于用力，可把手放松减压。若对方软弱无力，可拇指紧贴。若对方双手握住自己的手，不必把另一只手盖在对方手上，这在商界看来过于亲密。若伸手后对方毫无反应，可把手放下，继续交谈，问题在对方而不在自己。

对于职业人士来说，尤其要注意自己的握手方式，这样才能让自己在面对职场社交和职场交往时更加自信、自如。为了避免在介绍时发生误会，在与人打招呼时最好先伸出手。记住，在工作场所男女是平等的。

握手作为一种国家通用的礼节，在不同的国度有不同的表达方式。最主要的表达方式主要表现在以下几个方面。

1. 握手的力度

中国人初次见面，通常是握到为止，一般不会过重。而欧、美人则喜欢用力握住对方的手，握得太轻则被认为是软弱、没有信心的表现。

2. 握手的时间

握手的时间不宜太长，也不宜太短，国际上通用的标准是三秒左右。但老朋友重逢，或谈判中达成了一项重大协议，或谈判成功签字后，握手的时间可略长。

3. 握手的顺序

女士先伸出手，男士一般不先伸出手。在场人员较多时，要稳步寻找握手对象，防止交叉握手、争手的情况发生。

4. 握手时伴随的动作

握手时，双眼要正视对方，面带微笑，以示致意；不可东张西望，或面无表情。东张西望表示心不在焉，面无表情表示不友好，二者都缺乏对别人的尊重。当然，在有些国家见面时并不握手，比如日本人常采用鞠躬的方式，泰国人采用双手合十的方式，法国人采用亲吻的方式，阿根廷人不仅亲吻而且拥抱，男人亲吻女人，女人亲吻女人，但男人不亲吻男人。而在大多数非洲国家中，习惯用身体打招呼 —— 长时间地把手放在客人的肩上。至于选择采用何种见面礼仪，应视不同文化而定，入乡随俗是上策。

握手礼是商务活动中唯一得体的身体接触，但真正做得正确并且利用这个普通的礼节达到良好交际效果的人并不多见，因此对于职场人士来说要想赢得对方的尊重与重视，有必要细致地研究它的每一个环节，使握手礼真正成为友谊的开始。

握手需要把握以下几点：

第一，自报家门并伸出右手。大多数人习惯于上司、女性、长者和主人先伸出手。所以女性在职场中要主动伸出右手与对方握手。

第二，握手时拇指向上，用手掌和手指握住对方。很多人以为与女性握手只能握住手指，很多女性也以为只需伸出手指让人握，其实都是错误的，所以女性在与异性握手时，要用手掌和手指握住对方，让对方更加感受到自己的诚意。

第三，握手要坚定有力而不过分，晃动两三下就松开，不要握住不放，这样不仅会造成尴尬，更会让对方误解自己的意图。

第四，握手时应微笑注视对方，显示诚意。

第五，握手时若右手正拿着东西，应先放下物件。

第六，如果手有污渍或手湿，要因不方便握手而表示歉意。

第七，握手时不戴手套。

无论在哪种场合，无论双方的职位或年龄相差有多大，都必须起身站直后再握手，坐着握手是不合乎礼仪的。握手时上身应自然前倾，行 15 度欠身礼。手臂抬起的高度应适中。

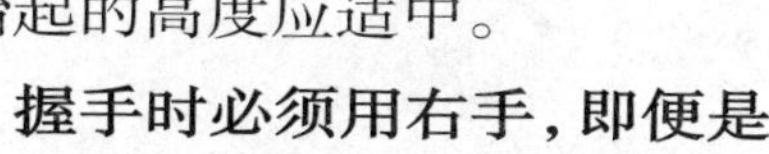

握手时必须用右手，即便是习惯使用左手的人也必须用右手来握手，这是国际上普遍适用的原则。握手时伸出的手掌应垂直于地面，手心向下或向上均不合适。握手时应掌心相握，这样才符合真诚、友好的原则。

一般来说，男女相见，先伸手的应是女性，而男性应该立即伸手回握；同性而有年龄长幼之分时，则年长的先伸手，年轻的立即回握。身份有高低差别时，身份高的先伸手，身份低的立即回握。在正规的社交场合，要遵循这些约定俗成的习惯。

在一般性的社交场合，比较宽松随和的气氛下，握手程序的颠倒也不会被认为是不礼貌的。无论什么人，什么场合，如果他忽略了握手礼的先后程序而主动伸出了手，对方都应该立即回握。

三、怎么听比怎么说更重要

我的表哥王凯现在是一家大型广告公司的文案策划，平时口齿伶俐，头脑灵活，才思敏捷。工作两年多来，同事们对他的评价都是“一个好小伙”。于是，表哥就开始有些飘飘然，认为自己在广告圈里的声望日渐高涨，每次开会时看到经理认可的表情，就想着如果自己再表现表现，离升职肯定不远了。

可是在一次大客户策划会上，表哥得罪了经理。当时公司经理提出了一个四平八稳的文案，并且还没有对这个文案进行阐述，表哥马上予以否定，立即提出一个更为周到简洁的文案，并且开始长篇大论，完全不顾经理的感受。可奇怪的是，虽然公司的客户最终接受了表哥的文案，却向经理提出以后不想让表哥做项目跟进。因为他觉得表哥不受领导的统领，老是自己临时修改文案。后来，表哥被调到了接待部门，在这里表哥才华自然得不到施展，等待他的只有离职。

人为什么有两只耳朵，两只眼睛，却只有一张嘴。那是要人们学着多看、多听，少说话。很多人都认为听别人说话在社交中是非常简单的事情，然而在现实生活中，还是很容易就忽略倾听的过程。表哥为什么最后被调离自己喜欢的岗位，就是因为太自以为是，不把身边的人放在眼里，不给别人表达自己意见的机会，最后反而是因为锋芒毕露害了自己。

另外，在听别人讲话时，一定要跟别人有目光的接触，根据对方谈论的内容及面部表情应该有所反应；身体微微前倾，让他人感受到自己是在认真听他的话；点头或者摇头，来表示肯定或者否定；并且要时不时地报以“嗯”、“是”、“对的”、“哦”，这样简短的语气词来表示自己在认真倾听；对别人提出的问题更应该及时并且诚恳地回答。

另外，在倾听时有5个细节千万要注意，不然就会给人留下不尊重说话者的印象。

细节一：不要左顾右盼，目光最好集中在讲话者的身上。

细节二：不能经常打断别人的讲话，在发表意见之前先取得对方的同意。

细节三：在听别人说话时，不要心不在焉，一边听别人说话，一边不停地做动作

细节四：千万别假装在听，这样很容易让对方察觉到，在别人说话时走神是最大的禁忌。

细节五：别人讲话时，不要过于强硬地坚持自己的观点而与对方发生争执，有礼貌的倾听是“去其糟粕，取其精华”，事后自己去判断什么是对，什么是错，但是不要当面与人去争执。

在生活中最有魅力的人一定是一个倾听者，而不是一个滔滔不绝、喋喋不休的人。倾听不只是对别人的尊重，更是对人的一种赞美。在社交场合中，那些善于与人沟通的人，一定是善于倾听的人，也许在交谈中，她并没有说几句话，但她一定会得到别人的认可，认为她是最善于言辞的人。

其实真正的倾听，不但要用耳朵去听，还要用心灵和眼睛去听。一个聪明人不但要学会用耳朵倾听，还要学会用心去倾听。那么如何才能在倾听中抓住主动权呢？下面这些技巧就值得学一学。

1. 让对方看到你良好的精神状态

有一个良好的精神状态才会让对方有说话的欲望，如果沟通的一方精神萎靡，这个倾听的过程不会取得良好的效果，只会让这次的沟通质量大打折扣。要时刻维持大脑的警觉，而保持身体警觉则有助于使大脑处于兴奋状态。

2. 要用自己的动作和表情去回应说话者

在与人谈话时，应善于运用自己的姿态、表情、插入语和感叹词。如微笑、点头等，都会使谈话更加融洽。

3. 使用开放性动作

开放性动作是一种信息传递方式，代表着接受、容纳、兴趣与信任。

这会让说话者感到倾听者已经做好准备积极适应他的思路，理解他所说的话，并给予及时的回应。它传达给他人的是一种肯定、信任、关心，乃至鼓励的信息。

4. 适时的沉默

沉默其实也是人际交往中的一种手段，它看似是一种状态，但却蕴含着丰富的信息，它好比乐谱上的休止符，如果运用得当，那么含义无穷，甚至可以达到“无声胜有声”的效果。但是，沉默的运用一定要得体，千万别不分场合，故作高深地滥用沉默。而且沉默一定要与语言相辅相成，才能获得最佳的效果。

5. 适时适度的提问

适时适度地提出问题是一种倾听的方法，它让说话者明白你在认真听他说话，这样也有助于双方的有效沟通。

6. 不要轻易打断别人的话

有时候可能因为说话者所说的内容太多，或者情绪激动造成语言上的逻辑混乱，这时候倾听者应该耐心地听完他的叙述。千万不要在别人没有说完的时候，随意地打断别人的话语。当别人流畅地谈话时随便插话，改变说话人的思路和话题，或者任意发表评论，都会被认为是一种没有教养或不礼貌的行为。

要想别人对自己的话感兴趣，那就先要对别人的话题产生兴趣。要善于问别人喜欢回答的问题，鼓励别人说出自己有成就的事迹。

总之，倾听要做到眼、耳、心并用，通过巧妙的应答把对方引导到自己所希望的方向或层次，才能在这场谈话中掌握主动权。

四、千万别说这些话，做这些事

同事陈霞是一个活泼开朗的女孩，说话总是大大咧咧的，但就是因为她的大大咧咧让她丢了工作。

原来她在一家公司做总经理助理，有一次，总经理要与一个重要的客户见面，让陈霞陪着一起去。总经理知道陈霞说话口无遮拦，于是叮嘱她不该说的话不要说，这次会议关乎公司的发展，一定要力争给客户留下好的印象，促成合作。

陈霞当时很郑重地点了点头。进入会场，总经理先和等在那里的李总寒暄一下，接下来就进入正题。在谈到一个项目的时候，因为这个项目有两个公司在竞争，而公司只会选择一家公司合作，总经理就尽量避开这个话题。

谁知在老总跟客户交流的时候，陈霞时不时地插话，当时老总对陈霞很不满意，不过当着客户的面，就没有说话。所以，不时地要求陈霞去拿东西或做其他事，希望将她支开。但陈霞却不知道经理的意图，总是插入自己的建议，令两位老总没有了谈判的心情。

更糟糕的是当谈起项目的具体情况时，陈霞抢着说："前几天那个王总（竞争者之一）也说过这事。"陈霞口不择言地说话，将气氛搞得特别尴尬，总经理脸色很难看，非常生气地对陈霞说："我想起来了，公司里还有一些事情需要你回去协助一下，你现在就马上回去吧！"

陈霞这才离开会议室，回公司去了。第二天，总经理就将陈霞辞退了。

职场就像武侠中形容的"江湖"一样，到处是明枪暗箭刀光剑影。尤其是在老总面前口无遮拦更会闯下大祸。就算是平时跟同事相处得非常融洽，在聊天的时候也要管好自己的嘴巴，不然就很容易"祸从口出"。

说话不经大脑，是天性耿直，但是在职场中，就是不成熟的表现了。也许不经大脑说出的话，正好是老板或同事最不想听到的。

在职场中尤其要注意以下几种情况。

1. QQ 语气，老板很烦心

对现在的年轻人来说，QQ 已经成为必备的交流工具，在同一个 QQ 面板上，所有的熟人，同事、同学、客户、游戏好友、老板都在其中。不知不觉之间，跟谁聊天的时候都变成了 QQ 腔。

有一天，老板在 QQ 上问肖冰工作进度的情况，她居然直接回一句：好啦，我会做啦！还附带一个吐舌表情。搞得老板心里非常不舒服，这话听起来漫不经心，既敷衍工作，又不尊重领导。

在职场中说话的语气很重要，一位注重“职场伦理”的老板，如果发现某职员有不好的语气，很容易就会对该职员产生非常不好的印象，但有些职员竟然对此浑然不觉。

2. 这些话千万别说

“那不归我负责”：就算不属于职员的工作范畴，被老板听到，也会觉得这个职员是个只愿自扫门前雪、不愿承担责任的人，缺乏团队精神，不愿多花力气协助他人解决问题。

“这不是我的错”，这是一种典型的推诿用语。假如犯错的情况严重，职员就会激怒老板，如果真的不是职员的错，不妨换种方式说，如“在这件事情上，我确实有改进的空间，我认为可以如何如何”，用这样的方式可以将话题重点转移到寻求问题的解决方法上，等到问题解决了，再追究责任人。

“我做不到……”说出这句话，老板就会怀疑自己的用人眼光。你做不到，那用你干什么。宫廷剧里，所有的大臣都会说“臣遵旨。臣肝脑涂地必不辱使命”，所以，就算老板交给一个人不可能完成的使命，也不可以直接说自己不行。可以寻找替代方案或者想办法改变老板的预期。

“我没有要汇报的内容”，假如每次开会轮到一个人发言，他都这样说，那么以后就没有人会听这个人的意见了。对于老板而言，他需要员工有新颖的建议、方案，沉默只能说明一个人对工作没有完全尽心。

3. 有些实话，忍死都不要说

薛萍穿着自己新买的衣服走进了办公室，文文上前搭讪：“今天穿新衣服哦！”薛萍正准备要开心回应，没想到文文紧接着问：“这又是在步行街淘的吧？”薛萍展露的笑容立马冻结在脸上。虽然薛萍爱去步行街淘便宜衣服穿，但是从别人嘴里说出来，她还是感觉不高兴。本来有一个增进同事感情的机会，文文没有把握好，却让自己的名字被薛萍列进人际黑名单。

可能有的时候我们本意并不坏。但是说者无心，听者有意，千万别说话得罪了别人自己还不知道。

4. 这些话千万别说

“你最近在掉头发吗？”，听起来好像问话者很关心同事，但是这句话却戳到了对方的痛处。可能他正在想办法掩盖自己的掉发状况，但是被人一语道破了。只要是有关健康的问题，最好不要轻易问，也不要泄露。假如某一天一个人提到家里有人患了肝炎，那么第二天起，就不会有人愿意和这个人一起午餐了。

“好想换个工作”，曹莹曾经跟同事提到，自己有想换工作的想法，感觉带孩子的压力真是太大了。后来她却发现，那些平时需要她参加的会议，她都不需要参加了，甚至在同事谈到关键议题的时候，看到她在场就会停止，对她的排斥非常明显。

如果一个人把自己想离职的事情透露给同事，那么所有人就会认为她已经离职。

“35 岁之前我要做到副总”，就算是跟同事关系再铁，也不要轻易地把自己的雄心壮志说出来，这不仅不能发展友谊，还会让自己受到孤立。

“这个月的工资税后有 5 000 元，哈哈”，一旦轻易透露了自己的工资，同事们就会来揣测这个人的身价被高估还是低估，那么一切流言就会从这里开始。

所以要想在职场中站得稳，就得要谨言慎行，不然会“祸从口出”，终有一天会被自己的嘴害死。

五、面带微笑，高雅而不高傲

我在某小区买了一套房子，最近正在装修。我的邻居已经搬进小区半年了，他们是一对中年夫妇，年龄比我稍长很和气，每次碰到，都能看见他们愉快的笑容。

因为我们的房子只是一墙之隔，墙的这边是我家的厨房，另一边是他们家的客厅。装修时产生的噪音非常刺耳，有一次我不好意思地向他们道歉。他们微笑着说：“没关系，新小区哪能不吵，装修完就好了。”

我搬进新家几个月后，邻居来敲我家的门，问我家厨房是否漏水？原来他家客厅靠墙一侧的地板变形翘起来了。我带他到厨房看了看，地面和墙都挺干燥的。他问我以前有没有漏过水？我忽然想起来，装修时确实因为水龙头的质量问题，发生过一次漏水，下层的厨房顶都湿了一大块，当时一定也渗到他们家了。

我把当时的情况跟他们讲了，等待他们提出赔偿要求。结果两口子都很客气地跟我解释说：“没关系，地板只是翘了几块，正好在电视柜下，没什么影响，我们只是想弄明白变形的原因。”他们脸上的微笑让我感觉有错的不是我，而是他们自己。后来我注意到，他们悄悄地换掉了变形的地板。

一天深夜，我经过邻居家门口，见他们家的门锁上还插着钥匙，我敲开他家的门，提醒他们忘记拔钥匙了。女主人发出一声惊呼："天哪！幸亏你发现，不然后果真的不敢想象！"一边千恩万谢，还一边不停地合掌作揖，好像我所做的不是举手之劳，而是一件了不起的大事。

其实邻里之间难免会因为一点小事发生一些不愉快，但是只要双方都大度一些，一个微笑就可以化解所有的不快。在日常生活中，友好、真挚的微笑，必将使人散发出愉快的气息。

微笑其实只是一个简单的动作，在人与人之间的交往过程中，微笑可以缩短人与人之间的距离，为深入沟通与交往创造和谐的氛围。在国际交往中，微笑是最基本的礼仪。

那么，怎样才能拥有迷人的微笑呢？

第一点，要用心地微笑。虚假的笑容在绽露的那一瞬间就会被识破。微笑的时候还要注意对方的表情，如果对方露出不快，不如让自己的笑容更加真诚一些。

第二点，应该眼中含笑。我们经常可以看到杂志封面上漂亮的模特，却感觉不到亲切，不妨试一下，将他们微笑的嘴盖起来，看到的却是一双冷漠的眼睛。一张面孔的表情只有是和谐、统一的，才会令人感觉到亲切。

第三点，像婴儿般的笑。回想一下婴儿的笑容，先是从眼睛露出微笑，然后笑容慢慢扩展，到整个脸部，整个表情的产生让人感觉很自然。微笑就应该如婴儿般发自内心自然流露出来。

1. 微笑的"四要"和"四不要"原则

（1）微笑的"四要"

一要口眼鼻眉肌结合，做到真笑。发自内心的微笑，会调动人的五官，使眼睛略眯、眉毛上扬、鼻翼张开、脸肌收拢、嘴角上翘；

二要神情结合，显出气质。笑的时候要精神饱满、神采奕奕、亲切甜美；

三要声情并茂，相辅相成。只有声情并茂，一个人的热情、诚意才能为人理解，并起到锦上添花的效果；

四要与仪表举止的美和谐一致，从外表上形成统一的效果。

（2）微笑的“四不要”

一不要缺乏诚意、强装笑脸；

二不要露出笑容随即收起；

三不要仅为情绪左右而笑；

四不要把微笑只留给上级、朋友等少数人。

2. 微笑的训练方案

对镜训练法——站在镜子前，以轻松愉快的心情，调整呼吸到自然顺畅；静心 3 秒钟，开始微笑，双唇轻闭，使嘴角微微翘起，面部肌肉舒展开来；同时注意眼神的配合，使之达到眉目舒展的微笑面容，如此反复多次。

含箸法——这是日式训练法。道具是一根洁净、光滑的圆柱形筷子（不要用一次性的简易木筷子，以防弄破嘴唇），横放在嘴中，用牙轻轻咬住（含住），以观察微笑状态。挑选出满意的笑容，并时常练习保持这种微笑。

微笑是人们交往中最富有吸引力、最有价值的面部表情，但也要注意区别场合，要笑得得体、笑得适度。与人初次见面，给对方一个微笑，会拉近彼此之间的距离；与朋友同事见面打招呼，面带微笑，会显得和谐、融洽；上级给下级微笑，会让人感到平易近人，正式场合的笑容要适度，故意遮掩笑容、抑制笑容，不但有损美感，而且有碍身体健康；但放声大笑或无节制大笑同样不雅，这种笑使人莫名其妙，使人心存疑问，甚至使人产生误解。这样的笑不但不美，反而使自己的形象大打折扣。在这种场合，只有恰如其分地运用微笑，才能达到传情达意的目的。

在现代社会，微笑礼仪已经成为激烈竞争的有效手段。今天已经不再流行什么“冷面美人”了，这只会让人觉得孤傲、无礼。大方展现自己的微笑吧，既愉悦自己，又温暖对方。

六、与人相处，黑色玩笑开不得

我的同学赵青是一名报关员，她平时言辞犀利，还有丰富的幽默细胞，是朋友们的“开心果”，但如此可爱的赵青却得不到上司的青睐。

一次，赵青委屈地向我抱怨：“我工作非常努力，有时一大早就会赶到海关报到。满身疲惫回到办公室，上司还不分青红皂白地说她迟到、旷工，不管怎么解释他都不听。”我问道：“你是不是得罪过你们上司啊？”

经我这么一问，赵青想起来了，自己平时爱与同事开玩笑，后来看上司斯斯文文，对下属总是笑眯眯的，胆子一大就开起了上司的玩笑。这天上司穿了一身新衣服来上班，灰西装、灰衬衫、灰裤子、灰领带。赵青夸张地大叫一声：“头儿，今天穿新衣服了！”上司听了咧嘴一笑，还没来得及品味喜悦的感觉，赵青接着来了：“像只灰耗子！”

又是一天，客户来找上司签字，连连夸奖：“您的签名可真气派！”赵青恰好走进办公室，听了又是一阵坏笑：“能不气派吗？我们头儿可暗地里练了三个月！”此言一出，上司和客户同时陷入尴尬。

没有笑声的生活和没有幽默感的朋友都是无味的。与人交往，开个得体的玩笑可以松弛神经、活跃气氛，创造出一个适于交际、轻松愉快的氛围，因而诙谐的人常能受到人们的欢迎与喜爱。但如果玩笑有人身攻击的成分，就是黑色玩笑了。黑色玩笑对人际关系的破坏力很强，赵青因为对此浑然不觉，这就是她聪明能干却得不到重用的原因。

其实，黑色玩笑体现着一个人性的弱点：面对一个人或一件事时会不自觉地挑刺，这是一种思维习惯。玩笑开得不好不仅伤害感情，而且会让自己的形象全失，因此开玩笑要掌握好分寸。

1. 要看对象

由于人的性格、禀性各不相同，所以承受能力也有所不同。有的人开朗活泼，为人豁达；有的人寡言少语，谨小慎微；也有的人生性多疑。所以同样的玩笑对有的人可以开，对有的人就不能开。如果不注意这些分别，很可能因一句玩笑而影响了彼此之间的感情。

2. 要看时间

同一个人在不同的时间里心境和情绪也会有所不同，有时情绪好，有时情绪低落。同样一句玩笑，如果对方心情好可能不会计较，而当他心情坏时就可能耿耿于怀，所以开玩笑最好选择在大家心情都比较舒畅时。

3. 要看场合和环境

一般来说，在安静的环境最好不开玩笑，如别人学习和工作时；在庄严、紧张的场合都不宜开玩笑，例如，参加庄重的会议或社会活动时；在悲哀的环境中不应该开玩笑，如参加吊唁活动或探望病人时；在大庭广众之下应少开或不开玩笑。

4. 要看内容

开玩笑要讲究内容健康、高雅，注意情调。忌拿他人的生理缺陷开玩笑，忌揭别人的“疮疤”，忌开庸俗无聊的玩笑，忌开捕风捉影的玩笑。不要把自己的快乐建立在别人的痛苦之上。我们应在开玩笑的过程中融进知识和趣味，使大家在开玩笑中学到知识、受到教育、陶冶情操、增加乐趣，从而收到积极的效果。

5. 态度要友善

开玩笑的一个原则是与人为善。开玩笑是感情互相交流传递的过程，如果借着开玩笑对别人冷嘲热讽，发泄内心厌恶、不满的感情，那么除非是傻瓜才识不破。也许有些人不如你口齿伶俐，表面上你占到上风，但别人会认为你不能尊重他人，从而不愿与你交往。

朋友之间开开玩笑是免不了的，它不但可以活跃气氛、融洽关系，还可以使开玩笑的人具有幽默感。但是凡事都要有个“度”，超越了这个“度”，不但达不到预期的目的，还会弄巧成拙。

人们认为爱开黑色玩笑的人一定是热衷于挑剔的人，这类人往往被视为“刻薄之人”，容易引起他人的反感。如果想在朋友圈留下好印象，就要努力克服自己的人性弱点，学会宽容，学会发觉别人的优点。

七、矛盾不可避免，那就“化大为小”

胡小敏和同事总是冲突不断，办公室来了一个“90后”叫杨晨，领导交代胡小敏带她熟悉业务。然而没过多久，胡小敏就和杨晨发生冲突。

在胡小敏看来，这个小丫头做事不认真而且丝毫不谦虚，不是甜言蜜语拍领导马屁，就是用“糖衣炮弹”收买同事，更让人受不了的是她在工作上总是对自己指手画脚。

而在杨晨眼里，她觉得胡小敏倚老卖老，就想把自己当丫头使唤，自己哪一点没按她的意思去做就要挨训。在公司做了十几年的胡小敏和“新新人类”的杨晨谁也不让着谁，于是矛盾不断升级。

一个是常在同事面前抱怨，一个是不断找领导哭诉。最后，两人干脆在同事面前开骂了起来。对此，上司很不高兴地把两人训了一顿，要她们解决好二人之间的矛盾，否则就全部走人。虽然两人之后“老实”

些了，但暗地里仍然水火不容。

在生活中，发生矛盾可谓屡见不鲜，而矛盾的发生多是利益分配发生了问题，在利益面前，人性最丑陋的一面总会赤裸裸地暴露出来。然而，低头不见抬头见，鸡毛蒜皮的事总难避免。所以如何处理各种矛盾，就考验到我们的礼仪了。

对于各种矛盾冲突，最好的做法是化大为小、化小为了。矛盾当前时更需要有冷静理智的头脑，忍一时才会风平浪静。若是双方都揪住矛盾吵闹不休，那结局就很可能是两败俱伤。

其实，发生矛盾时要尽量“化大为小”，我们都明白，但实施起来就有些困难，那么有没有什么经验可以让我们借鉴呢？

1. 与朋友的矛盾

朋友之间闹矛盾是很正常的，人与人之间难免会有摩擦，能够做到宽容才能化解朋友之间的矛盾。不宽容别人的人，也很难得到他人的宽容，谁又能说自己不需要别人的宽容呢？

2. 与同事的矛盾

首先，要勇于认错，不要因为面子问题对矛盾视而不见，有问题时要懂得反省。不要贬低他人，不要因为个人喜恶而否定别人的工作能力。如果你从事的某项工作对他人带有威胁性，在同事破口大骂时沉默是让对方闭嘴的最好方法，切忌出言挑衅他人。其次，做个有心人，记住同事一些爱好等细节会拉近彼此间的距离，矛盾解决起来也就没那么困难了。

3. 与上司的矛盾

如果不想换老板，首先，就要学会适应老板，时刻清楚谁是老大，按老大的规律做事总会讨巧一些。尊重和理解老板的安排，配合老板的工作，不议论老板的能力。及时和老板沟通，提出意见或建议时语气要委婉。其次，在不了解老板的游戏规则时一定要做“温驯的小羊”，想化解和老板之间矛盾的最好方法就是和他保持步调一致。

生活中本来就有形形色色的人，免不了在与别人接触的过程中产生矛盾，不管产生矛盾的原因是什么，是不是原则性的问题，都要尽量克制自己的情绪，然后心平气和地和对方沟通，事后也要选择正确的时间和地点进行自我反思。

八、摒弃不良体态，做个识“礼”之人

一次，两家公司就某项目进行合作谈判，谈判进行得非常顺利，马上就将进行到签字生效的程序了。这时一家公司的经理老毛病又犯了，得意忘形时手指不自觉地伸进了鼻孔。

这位经理一边与对方老总谈笑风生，一边肆意地抠着自己的鼻孔。这个细节被对方老总注意到，他皱起了眉头，立即阻止了正要往协议书上签字的双方代表。随后表示，这份合作意向还需再重新探讨，然后领着自己的人扬长而去，留下这位一头雾水的经理及莫名其妙的谈判人员。合作就此以失败告终。

事后有人问那位扬长而去的老总，究竟是什么原因使他在关键时刻阻止了协议签字。这位老总的一席话传到对方参加谈判的人员耳中，简直令他们哭笑不得。

那位老总说，在那样庄重的场合，对方的经理先生竟然当着客人的面抠自己的鼻子，说明经理先生的素质是非常低的。经理的素质如此之低，其手下员工的素质也便可想而知了。与低素质的人合作，是要冒极大风险的。我们不愿意拿自己的资金来冒这样大的风险。

有些人确实有些坏习惯，不管在什么场合，不是抠鼻子，就是挖

耳朵。殊不知这种坏习惯，正是人们所讨厌的。而有着这种习惯的人，在应酬场合不遭到人们的反感那才让人奇怪呢。

一个小小的恶习，破坏了一项合资项目的签订，同时还给合作方留下素质低下的印象。可见在日常应酬中，一些个人的恶习如果不改，不仅会引起别人的反感，往往也会因此得不偿失。

体态无时不存在于一个人的举手投足之间，优雅的体态使人看上去有教养，是充满自信的完美表达。良好的体态会使一个人看起来年轻得多，也会使一个人身上的衣服显得更漂亮。一个人善于用自己的形体语言与别人交流，定会受益匪浅。

对于我们来说，比漂亮更重要的就是优雅的气质和仪态。假如一个人只注重打扮外表，而对仪态举止一点也不重视，就算再美也会给人一种粗俗的印象。

然而在日常生活中，我们常常遗憾地看到，一些时尚人士会在众目睽睽之下做出一些诸如擤鼻涕、搓泥垢、脚从鞋子里钻出来“乘凉”的举动。令其形象大打折扣，这就是没有修养的体现。

识礼的人要时刻注意自己的形象，应该摒弃不良体态。

1. 当众搔痒

搔痒动作不雅，而且由于搔痒动作当众进行，会令人产生联想，诸如搔痒者是否患有皮肤病等各种疾病，使别人感觉不舒服。

2. 体内发出各种声响

生活经验告诉我们，任何人对听到从别人体内发出的声音都会觉得不舒服，甚至会感到讨厌。诸如咳嗽、喷嚏、哈欠、打嗝、响腹、放屁等，这些响声都会令人觉得此人不太舒服或正在生病，并会立刻感觉受到威胁或产生联想，继而产生厌恶感。

3. 随地吐痰

随地吐痰是一种恶习，在一些不发达、不文明、环境恶劣的地方到处可见。遗憾的是身处文明之地，摩天大楼之中，身着时髦靓衣的人士有时也会犯此病，乘人不备随地吐痰。这种令人作呕的行为应该坚决杜绝。每一个现代文明人，都应清醒地认识到，是否有人看见自己随地吐痰不是问题的关键，关键是因为这种举动证明一个人还处于愚昧、落后、肮脏的环境和阶层。

4. 当众嚼口香糖

有些人嚼口香糖以保持口腔卫生，那么，此时就应当注意在别人面前的形象。咀嚼的时候闭上嘴，不能发出声音，并把嚼过的口香糖用纸包起来，扔到垃圾箱。

5. 当众挠头皮

有些人因为头皮发痒，往往在公众场合忍不住挠起头来，顿时皮屑飞扬四散，令旁人大感不快。特别是在庄重的场合，这样做是很难得到别人的谅解的。

6. 在公众场合抖腿

有些人在坐着的时候会有意无意地双腿颤动不停，或者让跷起的腿像钟摆似的来回晃动，而且自我感觉良好，以为无伤大雅。其实这会令人觉得很不舒服。这不是文明的表现，也不是优雅的行为。

7. 当众打哈欠

在交际场合，打哈欠给对方的感觉是：你对他不感兴趣，表现出不耐烦。因此，假如一个人控制不住要打哈欠，一定要马上用手盖住自己的嘴，接着说："对不起。"

就算自己再普通，只要有优雅的体态，在人群中同样可以得到他人惊艳的目光。摒弃不良体态，让我们做个识"礼"之人。

第三章

CHAPTER 03

李荣建秘诀：不学礼，无以立

李荣建是我国著名礼仪学专家，具有广博的礼仪理论知识和丰富的礼仪教学经验。他说："'不学礼，无以立'修身先要修内功，所谓养浩然之气，腹有诗书气自华。有气质、有文化，然后才能有礼貌，讲礼仪。"

一、让别人乐于与你交谈

由于出演《北京爱情故事》，女演员张歆艺人气陡升，观众对这个对爱情执着并且率真的女孩非常喜爱，也令她晋升为新一代的“话题女王”。对此张歆艺透露，对于传言她从不在意：“我就是没心没肺。”

说起自己的性格，张歆艺用了3个形容词：奔放、善良、感性。“我希望这3个词能够成为永远支撑我走下去的动力和信念，无论发生什么、遇到什么，我都能够永远坚持这种态度。”她的直率坦诚与娱乐圈显得有些格格不入，性格有点小“拧巴”，但这并不妨碍她在演艺道路上自信前行。

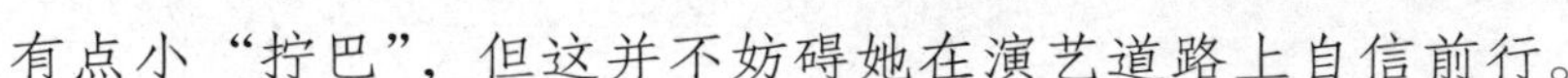

从小就常和男同学混在一起的张歆艺说自己的童年少女时代属于比较“浑”的性格，就算是学舞蹈，在惊艳外表和玲珑身段包裹下，却是大大咧咧有着男孩子性格般的豁达大气。“我拍每部戏都能和男演员变成哥们儿，这很是让我‘苦恼’，但没办法，就这性格。”张铎、李晨、王学兵这些和张歆艺合作过的男演员对她的评价出奇的一致：活泼开朗、不拘小节。而她自己也承认，自己本身个儿就高，再加上平时大大咧咧，很多朋友都觉得她更像是个男孩儿。“豪爽，不拘小节，这就是我，没别的特点。”

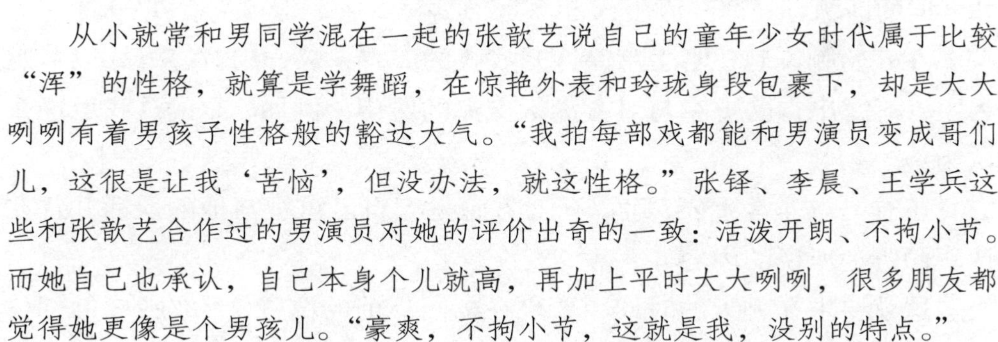

张歆艺说：“我其实就是个没心没肺的四川女孩，不会迎合、不在意、不设防，容易满足而且没太大野心，即使每月只赚1 000元，也全部用来吃穿玩，如果花到只剩下10元，也会直接告诉朋友我只有这10元，然后继续请朋友吃饭。”正是因为她的这种直爽、率真的性格赢得很多朋友的青睐。

所以与人交流真挚是不可缺少的情感，在职场上也同样如此，谁也不会喜欢跟一个整天没有一句实话的人交谈。张歆艺正是由于自己豪爽、洒脱的个性才赢得圈内人士的一致好评。

在职场中如何才能有个好人缘，职场新人没有经验，所以对此苦恼不已，但是很多老人也找不对方法，有些职场人士更是为如何获得好人缘而伤透脑筋。

大家一定遇到过在 QQ 上聊得热情似火，在现实生活中却沉默寡言的人，在职场中良好的交谈能力和亲切感可以让人拥有好人缘，那么怎样才能让别人乐意与自己交谈呢？下面就从最基本的开始说起。

首先开场白是非常重要的，但是也要根据彼此的熟悉程度来决定。

可以从双方的共同点开始聊起，比如说都是做什么工作的，来自哪里，在哪里念过大学，上的什么大学，从中寻找共同的话题。

在开始聊天后，要注意保持开放式的姿态，双方用对答方式以肯定为主，流露出自己愿意与对方深入交流的愿望。例如，是的，我也这么认为……

还有一点非常重要，可以让对方感觉到自己重视与他的谈话并且在认真倾听他所说的内容。

这就要求在聊天的时候，要坐在椅子靠前的位置，大约 2/3 的部位即可，身体微微向着交谈的一方倾斜，不要懒散地靠在椅子上。

另外眼睛是心灵的窗户，记得要平视对方，不要东张西望。

双方在谈话的时候，要时不时地给对方一个回应。不要对方说了一大堆自己却没有任何反应，让他觉得自己不被重视。假如不知道究竟该如何回应对方，不妨重复一下对方刚才说过的一些关键字，这样也会让对方觉得自己在认真听他讲话。

如果参加大型会议，一个人发现身边大多数人是陌生人，这时候怎么办，这个人就要把握住黄金十秒。

在刚坐下来的前十秒里，就要找话题跟别人聊天，不然后面的时间就很难打开局面。用好黄金十秒，能让一个人迅速地跟陌生人熟悉起来，在职场中人际关系就是资源。

那么在与人交谈时什么样的技巧可以让人百战不殆呢？

1. 就地取材、随机应变

我们在访友拜客或有求于人时总要先寒暄几句。开门见山、单刀直入只会让人觉得此人无事不登三宝殿。假如时机合适，不妨说几句“今天天气真好”之类的话，但如果不分时机、地点，一味讨论天气就会有点滑稽。最好还是根据情景随机应变，就地取材来引出话题。如果到朋友家里做客，不妨赞美一下室内的陈设，例如，问问电视机的使用情况，谈谈墙上的挂饰等。这样的开场白虽然不是自己的主要目的，但是可以使气氛显得融洽。因此，评论主人家的东西时不要用挑剔的口吻，多用“这房间布置得不错呀！”、“这幅画映衬着花瓶，配起来很好看呀”之类的口吻。总之，只要是赞美的话人人都会喜欢听。

2. 说话分对象

交谈的过程不是一场独角戏，需要双方的回应和配合。各种职业、各种年龄、各种地位的人都有各自不同的趣味，还有不同的语言和习惯。所以，想要选择合适的话题进行交谈，采用合适的语言和口吻去配合对方，大家才能感到都是“自己人”的感觉，否则便会产生无形的隔阂。

例如，别跟未婚青年谈生孩子的问题，不要和艺术家谈金钱理财，不要和残疾人谈体育运动等。如果一个人没有广泛的知识面和强大的语言控制能力，不妨尝试从对方的话语中找出他的兴趣所在，选择他更感

兴趣的话题。一般来说，一个人最感兴趣的东西都是他知识储备中的精华部分。就算一个人没有这方面的兴趣和爱好，听一听扩大自己的知识面也无妨，而且说不定自己就会对这些爱好产生兴趣。

想要别人喜欢跟自己谈话，主要看自己会不会把对方领上路，一旦对方对自己的话题感兴趣，不用费劲对方就会乐意与自己交流，所以职场人士要学会研究出一套适合自己的谈话技巧。

二、人人都需要恭维，你我也不例外

吴歌是我的一位学长，平时就很会说话，非常受人喜爱。没想到正是这个优点让他获得梦寐以求的工作机会。他中意的是一家中型高科技企业的总经理特别助理的职位。

虽然这个公司规模不大，但是非常有发展潜力。因此有很多硕士、博士等高学历的人员来面试，吴歌自然感觉到压力很大，在初审的时候由于吴歌去得晚了一点，因此排在最后一个面试。

当吴歌进入面试室坐下时面试官已经一脸疲倦，于是吴歌开口说：“贵公司的装潢很有特色啊!”面试官这时眼前一亮，问他说：“哦，你倒是说说怎么特别了？”

吴歌说：“这位设计者注重实用，很聪明地运用了不大的空间，把所有的柜子、书橱都设计成隐藏式的。而且还注意保护员工视力的问题，很用心地设计灯光。”

原来吴歌在面试之前做足了功课，得知面试官正是这家公司的总经理，而且所有的装潢都是由他亲自设计的。因此准备在面试时好好地恭维一下总经理。

最后，毫无疑问吴歌被录取了。

为什么吴歌会被录取，那是因为他选择恰当的方式恭维了总经理。一方面融洽了气氛，让总经理心情舒畅，对他心存好感；另一方面表明他具备做总经理助理的善于观察、了解人心的职业素养。

喜欢听恭维话，这是每个人的心理特点。**每一个人的内心深处都渴望得到他人的肯定和尊重，恭维正好满足了人们的这种需求。**想想在现实生活中，有哪些家长、老师、上司不喜欢听好话？换位思考，如果是自己，也不会喜欢听别人贬低自己，让自己难堪的话。恭维就是拍马屁，拍马屁其实也是人与人之间交流的一种方式，只要运用得当，就会取得意想不到的效果。

拍马屁也不是那么简单，既不能恭维不足，又不能言过其实，流于谄媚。

如果要讲究拍马屁的技巧，那么男女是有一定差异的。要因人而异，男人一般要面子好虚荣，多表现在显示能力、追逐功名、展示个性以显潇洒和能人之形象方面，而女人则表现在对容貌、衣着的刻意追求或身边有个白马王子以示魅力方面；男人要面子，好虚荣毫不遮掩，有时甚至坦率得令人吃惊，而女子则总是遮遮掩掩、羞羞答答，“犹抱琵琶半遮面”；女人对于面子、虚荣还有几分保留，而男人则是全力以赴去追求面子；男人为了面子可以大动干戈，女人为了面子则会大喊大叫甚至骂街。对于男人的面子千万不要轻易去伤害、破坏，否则会友谊中断、恋爱告吹、生意不成、升官无望、职称泡汤。

在职场中要称赞异性，应讲究技巧，否则一不小心就会造成难以挽回的后果。如果是第一次见面，那么赞美可能会给人留下过于露骨的奉承或给人留下低俗厌恶的印象，本来一番好意却被误解。

如果是初次跟异性会面，不妨使用一些含糊的赞美之词。因为对于意思模糊的词句，人们多半会往好的方面去理解。

进行恭维时要注意以下几个细节：

1. 讲究针对性

面对不同的对象，恭维的话题应该有所不同。例如，不能用桃李满天下称赞年轻的教师。

2. 力求可信性

从细微之处入手，称赞一些可能对方自己都未曾留意过的细节小事，这样才会让对方感觉到你是真心赞美。

3. 措辞恰当性

在恭维他人时，措辞一定要有分寸，以让人感觉到真诚、自然为佳，但也不要夸奖过度。

4. 场合适宜性

恭维某个人时，如果周围还有一些人在场，那么就一定要注意恭维的言辞是否会伤害到其他在场的人。

一位汽车厂的营业科长经常发牢骚说：“现在的女孩子心思真是令人难以捉摸，如果训她就会哭，但是夸奖其中一个又会得罪其他的女孩子，真是头疼。”原来前两天，他轻声跟两个不用留下来加班的女职员说：“你们可以回去了。”没想到俩人却不高兴地说：“别人都加班，我们为什么要回去？”原来他的好意被她们认为是轻视的意思。

对于这种情形，正确的做法是，不要只说：“你们可以回去了。”最好用安慰的口吻说：“你们每天很辛苦，今天可以早一点回去。”如果这样说，那么对方就会感谢你的一番好意，高高兴兴的回家。

所以恭维真是一门学问，如果不细加研究很容易就会得罪别人，尤其是职场人士，当局者迷，很多时候就会无意间恭维出祸端。

三、让自己的声音听起来更诱人

我的闺蜜孙芳从小就是心直口快的性格，而且她说话语速非常快，第一次跟她接触的人根本听不懂孙芳到底在说什么。也正是因为这一点让她错失一个很好的工作机会。

那是一家大型的中外贸易公司，很多人挤破脑袋都想进去。孙芳有幸获得面试的机会。在孙芳前面面试的人都没有让面试官满意，孙芳的学历和从业经历让对方非常满意，但是在面试官问问题的时候，孙芳总是抢先回答，不等对方问完，孙芳就开始回答，并且语速非常快，对方渐渐地皱起了眉头，可是孙芳只顾自己说得开心，认为自己的开朗大方会获得对方的认可，但是恰恰让对方把她拒之门外。

根据心理学的研究发现，一个人对外界的感知和印象80%靠视觉，剩下的20%中有14%靠听觉。那么说话时的语速和声音就显得非常重要，当然这是在面对面的情况下，如果没有见面只是接听电话，那么双方之间交际的效果就要完全依靠声音来完成，因此一个人的声音的重要性就不言而喻。

谈吐之间不仅要有知识和趣味的配合，更要有一副会感染人的嗓子。美丽的声音可以摄人心魄，一个聪明的人应该学会驾驭自己的声音。然而许多人往往注重自己的服饰与面容，很少人能够留意到自己的声音有多么重要。

试想，一个相貌姣好，但是一说话却让人皱眉的人会受欢迎吗？只会让跟她交流的人想逃走。反倒是那些容貌普通，但是说话不快不慢、抑扬有致的人较能给人留下“舒服”的印象。

因此，若想在职场中让人喜欢自己并沟通无阻，除了注重自己的外在条件以外，还得注意装饰自己的声音。更何况声音不单是吸引异性，与个人工作顺逆成败也是有关的。

那么，白领们应该如何使自己的声音富有感染力呢？

1. 让自己的语调使人听起来舒服

想要观察一个人的内心世界、情感和态度，只要从他说话的语调中即可听出来。一个人在惊愕、怀疑、激动、生气时，所表现出的语调一定是跟平时不一样的。另外从一个人的语调中，人们也可以感觉出来她是一个诚实、自信、幽默、可亲可近的人，还是一个呆板保守、优柔寡断、好阿谀奉承或阴险狡猾的人。所以无论谈论什么样的话题，都应该保持说话的语调与所谈及的内容相协调，并能恰当地表明对某一话题的态度。

2. 注意发音的准确性

如果想要得体地表达思想，就要注意发音的准确性。这是与别人进行良好的沟通与交流的重要途径。如果说话时发音不清，很容易被人误会，并且会让人以为思路紊乱、观点不清，或对某一话题态度冷淡，会让倾听者以为态度不认真，从而对说话的人产生一种本能的抵制情绪。

3. 控制说话的音量

不管在什么场合，如果大声地说话，都会让对方产生一种压迫感，心情紧张，神经容易疲劳，导致注意力不集中，那么沟通也得不到理想的效果。如果到了大声"喧哗"的地步，引起不相干人的注意就要丢人了，这违反了交际场合"不要让自己引人注目"的原则。在交际场合中只要让对方可以听见即可，在电话中音量要稍微放低一点。

4. 注意聊天的语速

在和他人聊天的时候，语速的控制也是非常重要的。过快的语速就如高声说话一样，会给人造成一种压迫感。同样说话的时候语速太快，也会造成词语含糊不清，他人也就无法理解你所说的内容。当然，语速太慢，又会让人渐渐丧失信心，产生焦躁沉闷的感觉。所以在与人交流时，要使用恰当的语速，不要太快也不要太慢，并在说话时不断地进行调整。

5. 不要用鼻音说话

在日常生活中，我们与人聊天的时候，也经常会听到“哼……嗯……”的发音，这就是鼻音。假如在说话的时候常常使用鼻音，肯定会让人特别反感，因为这种声音听起来好像是在抱怨什么，不仅毫无生气，而且非常消极。如果不想让自己的话被别人左耳进右耳出，就首先端正自己说话的态度，尊重别人，别人也才会尊重自己。

作为一名优秀的职场人士，假如不注意培养自己的声音，无疑会让“凤凰”变成“乌鸦”。所以不妨从现在开始，像训练自己的形体一样给予自己的声音一个包装。因为，充满魅力的声音可以让自己增加自信和气质，甚至在关键的时刻还能改变自己的命运。

四、再熟也要守礼仪，做个有教养的客人

我有一个同事叫马瑞，在工作中我们无话不谈，于是私下的关系也不错，经常邀请她到我家里做客。

由于我老公常年在外工作，有时候我会让马瑞在家里住，跟我做个伴，却因此造成了我的苦恼。

有一次老公好不容易有个假期回家待一天，但是没有想到马瑞那天也到我家里来做客，跟老公好长时间没有见，本想好好聊一聊。可是马瑞却老是拉着我聊天，不仅留下来吃晚饭，晚饭之后依然没有离开的意思，看样子是要住在这里了，没办法只有让老公住在客厅。因为这件事跟老公起了一些争执，也觉得马瑞不太知趣。

本来做客应该是个沟通感情的好机会，可是像马瑞这样不看时机，只顾自己高兴，只会让主人产生厌恶的情绪。

想要拥有好人缘，除了在工作中对对方给予关心，有时间互相串个门也可以增加彼此的情谊，可是做客并不是一件轻松的事情，有很多细节需要注意。

（1）在拜访前应该提前跟主人打个招呼。最好是提前一天，以方便主人规划自己的时间，也表示自己对主人的尊重。

（2）跟主人约定的拜访时间最好避开清晨、饭前、午休和 20：00 点后的夜晚。假如对主人的生活作息比较了解，最好避开对方比较忙碌的时间段。

当然，如果是对方要求自己什么时间去就不用考虑这么多了。

（3）最好在约定的时间内到达。稍微提前 5~10 分钟，但是不宜提前太多，以免主人有另外的安排，让主人措手不及。最不应该做的就是迟到，让主人等很久是非常不礼貌的。如果真的有意外发生会耽误时间，要给主人打个电话致歉，或者约定改期。

（4）在进入主人家门之前一定要敲门。但是如果遇到主人打开门在等自己的情况，也要敲一下门，等主人说“请进”后再进去。

（5）进屋后要跟主人家里的成员一一打招呼。无论对方是否熟悉，就算叫不上名字也要微笑致意。

（6）在进屋以后，如果主人没有招呼“请坐”，就不要坐下。主人没有给自己指定座位就不要坐，千万别乱坐，床是最忌讳坐的。假如有长辈在场，要等长辈坐下以后再坐。

（7）到别人家里做客千万不要左看右看。东张西望地打量别人家里。更不要随意的走动，卧室是隐秘的地方千万不要随便进入。

如果跟主人不太熟悉，活动范围尽量在客厅，如果想去洗手间，可以在询问主人之后，告诉怎么走然后再去。

如果是主人主动邀请自己参观房屋，那就不用忌讳了。

但是主人主动邀请，也不要好奇地东张西望，如果主人介绍家里的装修，就看主人指定的位置就好，参观别人的家里，不管人家装修得好不好，都要说出赞扬的话。

（8）在别人家里不要任意翻动主人的东西。即便是沙发上的靠枕也不要随意挪动，以免造成主人的不便。

如果是带着小孩去做客，也要告诉小孩要有礼貌，不要随意走动和拿东西。

（9）在别人家里做客，不要随意指责主人的家庭成员。例如，对方的子女只顾着玩电脑不做作业，这时候不要指责，也不要评论，因为有时候就算自己是正确的，说出来的话也会让对方不高兴。

到别人家里做客，尽量不要谈一些不好的话、指责、闲言碎语、批评等。

（10）在准备告辞之前，要先向主人道谢，感谢对方的招待。如果主人把自己送到门口，在走出两步后，没有听到关门的声音，就一定要回头来说一句“好了，我们走了”之类的道别话。头也不回算是失礼的表现。

最后一定要记住，别人的家不是自己的家，一定的尊重和礼貌都是必需的。

五、如何得体地结束谈话

我的表姐张曼是一位保险销售人员，相信很多人对保险销售的印象就是难缠。但是张曼运用了不同的心理策略，使得她的业绩不同凡响，一般的销售员为签下一张团体保险的保单，通常必须费尽心力说服企业老板，使之同意投保，但是企业老板通常都非常忙碌，很难抽出时间来与销售人员细细长谈，这时如果是一般销售人员，一旦

得到见面机会，必然像甲鱼一样咬住对方不放，但是张曼深谙老板期待尽快结束的心理，于是每次都会很快结束谈话，主动起身说："好，改天我再来拜访您！"

这就像打高尔夫球，不是采取击打式的长打，而是采用一点逼近的战术，据说经过如此反复地说明，老板会逐渐熟悉这位销售人员的面孔，进而产生一种"她真是很热心，还会再来吧"的想法，最终同意加保。所以做好销售工作不仅要靠三寸不烂之舌，还要学会适当地说再见。

人们常说：万事开头难。在交谈中，人们普遍重视如何开口，但是对结束谈话，往往不以为然。认为话说完了，说一声"再见"不就结束了吗？

其实，结束谈话也并非简单。例如，一方的话没有说完，另一方已经不愿意听了，这怎么结束？两个人在交谈过程中争得面红耳赤，互不相让，这又如何结束？两个人正聊得火热，可是客观条件不容许再谈下去，这怎么结束？

想要一次谈话，欲达到"与君一席话，胜读十年书"的效果，因此如何得体地结束谈话也是值得琢磨一下的。

想要达到余音绕梁、三日不绝的效果。那么，怎样正确地结束谈话，才能取得双方都欢喜的大结局呢？下面就来介绍几种技巧：

（1）不要在双方正在热烈讨论某一问题的时候，将话题戛然而止，这种表现是非常失礼的。如果在交谈过程中出现僵局，应该马上转换话题，等待气氛缓和以后再选择恰当的时机结束谈话。

（2）不要想办法把无聊的话题延长。一旦发现双方谈话的内容已经枯竭时，就应该停止对话准备告别。否则，会给对方留下言语无味的印象。

（3）谈话过程中注意对方的暗示。如果对方觉得跟你谈话已经失去了兴趣，可能就会利用“身体语言”做出一些希望结束谈话的暗示。例如，有意地看一看手表，或者频繁地改变自己的坐姿，或四处张望、心神不安。一旦看到这种情况，最好知趣地结束谈话。

（4）要把时间掌握得恰到好处。在想要结束谈话之前，先预留出一些时间，这样可以从容地结束谈话。如果突然结束，匆匆忙忙地离开，会给对方一种粗鲁无礼的印象。

（5）最后用笑容来结束谈话。因为谈话人最后的印象，往往也是最深的印象，可以长期留在双方的脑海之中。

（6）在交谈即将结束时说些什么？可以说一些名人格言、富有哲理的话，或是美好祝愿的话，往往会产生很好的效果。

六、你的形象败在哪里？手势失误是祸端

刘佳是一所幼儿园的老师，由于幼儿园已经开始学习英语，所以刘佳所在的幼儿园还聘请了外教。而刘佳就担任助教的工作，协助外教和孩子能够顺畅沟通。

有一次刘佳跟外教在一起吃饭，询问外教是否吃饱了，还需不需要再加一碗饭，外教当时做了一个动作，一只手放在自己的喉咙，手指伸开，手心朝下，表示“饭已经到这里了”，自己已经吃饱了。可是，当时正好被幼儿园的阿姨看到，以为是外教被鱼刺卡住，正好中午有鱼。

她不听刘佳的解释，急急忙忙从厨房端来一碗醋要外教喝下去，希望能将鱼刺软化，却让外教感到糊里糊涂，刘佳当时哭笑不得。最后只能分别跟两个人解释双方的意思，最后两个人都笑了，这个笑话就是因为不懂手势语造成的。

其实在生活中因为手势闹出的笑话有很多。

我在上中学的时候，由于学校修路把侧门关闭了，就要绕很远的路去上课。有一次眼看就要迟到了，于是我决定翻墙进去，但学校明令禁止跳墙，经常派保安埋伏在墙下。我正犹豫不决的时候，看见一个同学刚好经过。

隔着栅栏门，我小声地问："墙底下有没有保安？"他四下看看，也不说话，只是冲我打了个"ok"的手势。我一见很高兴，如武林高手一般，攀住墙头，"噌"地一下翻了过去。

就在我双脚落地之时，3 个保安过来将我团团围住，二话不说，把我带到了保卫处。

回到教室，我十分生气地问那个同学："明明墙底下有 3 个保安，你怎么做 OK 的手势来骗我？"那位同学也十分气愤地说："你是真傻还是装傻呀？我这是中国手势，意思是墙下有 3 个保安！"

其实同一种手势在不同的地方就会有不同的含义，甚至不同的手势却表示相同的含义，所以我们更要明白在职场中各个手势所表达的意思，并合理运用手势来增强自己的气势。

聪明的人说话时，会通过一些手势来加强语言的感染力。我们把这种手势即通过手和手指活动表达信息的动作称为手势语。手势语主要包括拱手、招手、挥手、摇手、伸出手臂和手指等动作。事实上，在日常交际中，无论是交流，还是谈判、演讲，手势使用的频率都很高，范围也很广泛。

手势的运用能帮助发言者塑造出丰富多彩的主体形象，使表达更加富有感染力。自然而安稳的手势，可以帮助表达者平静地说明问题；急剧而有力的手势，可以帮助表达者升华感情；稳妥而含蓄的手势，可以帮助表达者表明心迹。

手势语的主要作用有两种。

1. 表示形象与数字

例如，在一次“奉献爱心”的演讲比赛中，演讲者说自己在身患重病却没有钱医治的情况下，收到了一份来自千里之外、素不相识的好心人寄来的钱款和物品，讲到一个年仅 5 岁的小女孩到病房送给她一个大梨子时，她感动得热泪盈眶，双手合拢拟出一个梨子的形状，用以说明这个梨子所代表的真情实意及人们对她的关怀体贴。

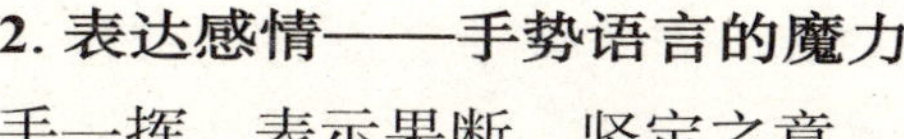

2. 表达感情——手势语言的魔力

手一挥，表示果断、坚定之意。

手的动作是态势语的一个重要组成部分，有人将手比作人的第二张脸。手势表达的含义相当丰富，可以大致分为以下几种。

（1）指示手势

指示手势用于指明要说的人、事物、方向等。

（2）象征性手势

象征性手势用来表达抽象概念。

（3）象形手势

象形手势是用来临摹，比画具体事物或人的相貌。

总之手势语是一门学问，只要学得就能在与他人交谈中增加说话的表达力和魅力。

七、身体会说话？解读倾听时的肢体语言

我的闺蜜孙芳跟我唠叨说：“对我们做销售的，跟客户打交道和谈判过程中，从对方肢体语言中获取合作的信息是非常重要的。

有一次，我约好了一位客户在茶楼见面。我到达的时候，看

见对方已经先到了，正双手交叉地抱在胸前，跷起二郎腿坐在凳子上。第一眼，我从对方的肢体语言读到的信息是：客户对我缺乏信任。这时，我需要做的第一步当然是取得对方的信任。于是我用了个套近乎的自我介绍方式：‘您好，我姓孙，是您的朋友××向我介绍您的，××也是我大学同学，很高兴认识您。’这样的问好不仅立刻表达出我们原本亲近的关系，还表现得落落大方。

在接下来的谈话中，我始终将手臂放在桌子上，掌心朝上摊开双手，我熟知的行为理论中，这样开放式的姿势代表我是友好的，也能最直接消除对方的警惕心理。很快，对方的肢体语言发生了变化，他不仅慢慢将交叉的双臂放下，二郎腿也慢慢放下。后来，为了看清楚我展示的资料，他还将身体微微前倾。等到交流结束，对方的肢体语言已经变成同我一样，我们的交谈看起来像多年认识的好友一样，而这次谈话的沟通也自然达到我预期的效果。”

职场中处处充满着学问，想要八面玲珑地混迹职场，就要读懂职场中的肢体语言，这样可以拉近彼此之间的距离，在工作中事半功倍。

下面总结在办公室中常见的 11 种肢体动作，并对其反映出的心理活动作出一定的分析，希望能够对迈入职场的朋友提供帮助。

1. 腿脚抖动

有些人习惯做腿脚抖动的动作，这些人比较明显的特征是有一些小自私，较少考虑他人感受，而自己却很在乎、很知足。优点是善于思考，能提出不同的建议和问题。

2. 拍打头部

这个动作往往都是表示懊悔和自我否定谴责的。这类人对人要求高，近乎苛刻，但对事业有开拓精神。他们一般心直口快，为人真诚而富有同情心。

3. 摆弄手边饰物

这类人多数为女性，她们内向，不轻易感情外露，比较踏实，为人善良。往往在活动结束后还能看到她们忙碌收拾的身影。

4. 耸肩摊手

这种动作表示自己不在乎、无所谓，这类人大都为人热情而且诚恳，心机少。极富想象力，会享受生活，追求在和谐、舒畅的生活环境中生存。

5. 摸头发

除了头皮真是痒的情况下，习惯性地、频繁地摸头发的人，是一个比较情绪化，常常感到郁闷焦躁的人。性情忽冷忽热，对流行触觉很敏感。心思细腻才会特别在意别人对自己的看法，也会导致自己变成容易受伤的人。

6. 把手放在嘴上

属于敏感型、秘密主义者，往往爱嘴上逞强，内心却是非常温柔可人的。

7. 两手交叉

对时间保持着独特看法，常给别人冷漠感觉，属于易吃亏的人，稍微有些自我主义。

8. 手握手臂

绝对是个保守派，因为不太会拒绝别人而有吃亏的可能。这类人应该学会与别人交流，这样才能从根本意义上了解自己、他人和社会的关系。

9. 四处张望

绝对是擅长社交的乐天主义者，有顺应性、感性，但是嫉恶如仇，对人有明显的好恶感。稍微有些极端，但是很单纯。

10. 靠着物体

习惯性地靠着某样物体的人，具有冷酷的性格，有责任感和韧性，属于独自奋斗型的人。

11. 双手抱臂

这样的人是拒绝与人交流的，他们自我感觉很好，貌似在听，其实内心在否定别人的建议，抱着臂膀代表保护自己，也是一种拒绝的姿态。

读懂职场中的肢体语言，不仅能帮助你洞察人心，更让人透彻地认识自我，从未知到已知再到掌控，改变一个人对自己和他人的看法，读懂职场人心。

懂得了这一点，我们在讲话时，眼神、表情、动作和气质与述说的语言就应该做到同步化，使自身的形象更完美，以自身的情绪去影响对方的情绪。这就要求我们在肢体语言的表达方面符合礼仪规范：

（1）在谈话的过程中手与手臂的动作相当重要。

在谈话中手舞足蹈是不可取的。可以使用一些说明性的手势，但手指总是指向对方并戳戳点点是非常不礼貌的。因此，在交际中应该慎用或不多用手势协助讲话为宜。

（2）心灵的窗户。

一个人对事物的态度和心情通过眼神是完全可以流露出来的。当一个人与对方交流时，眼神所传达的信息尤为重要，例如，相互注视时间的长短，注视的位置，甚至眨眼的次数都有可能影响对方。因此，在人际交往过程中，学会观察对方的眼神以便从对方真实的眼神中不断调整自己的交往方式是我们必须培养的技能。

进行沟通前应先确定谈话的主题即沟通的主要内容，不然就会出现言语不清、缺乏逻辑等情况。沟通中需要更多地了解对方的情况，同时也要让对方了解自己的情况和需求，这样的沟通才能够达到预期的目的。

（3）一个人在交谈时自己总是不停地讲话，是非常不礼貌的。

交谈就是在自己讲话的同时也要听对方讲。倾听他人的谈话是对他人的关心和尊重，因此，越是善于倾听他人意见的人，其人际关系往往就越理想。

（4）“倾听”也可以称为“聆听”。

倾听他人讲话的同时思考自己的想法和将要表达的言辞，不断梳理自己的认识思路，并在适当的时机表达自己的看法和意见，这样既显示出尊重他人的礼貌和礼节，又会给他人留下良好的印象。

了解人们的肢体语言不仅可以看透对方的内心，更可以给自己一个标准肢体姿势不至于被人认为不讲礼仪，在沟通中可以更加顺畅。

第四章 CHAPTER 04

美国人、日本人、韩国人各有社交绝技

现在各国间联系得越来越密切，职场人士的社交技巧已经不能仅局限于和国人的交往，更要跟其他国家的人士学习在社交中如何得体、有礼地表现自己的魅力，本章就来讲述美国人、日本人、韩国人在社交方面值得借鉴的地方。

一、日本的洗澡文化：澡堂是社交场所

洗澡对于日本人来说，比吃饭还要重要，假如一个日本人浑身上下只剩下 500 日元，只够吃一顿饭或洗一次澡，那么他会宁可挨饿也得洗澡。这在日本一点都不夸张，因为有资料表明，在日本最困难的年代，即使是在燃料短缺需要配给的时候，日本人在分配燃料用途时，也以烧水洗澡为先，煮饭或取暖则在其后。

日本人洗澡都是三部曲：首先，在浴缸里放满适度的热水，其次在浴缸里浸泡十几分钟；再次，在浴缸外用香皂洗头洗身体，一路搓洗而下，然后用小桶装水冲掉肥皂泡沫，冲洗干净身体；最后，进入浴缸，用缸内清洁没有被弄脏的热水尽情地浸泡。在浴缸中浸泡一阵后，身心全部都会放松下来。

在三部曲中，只有一部曲是以洗净身上的污垢为目的，是一般意义上的洗澡，其他两部曲都是在享受生活。

其实，在日本爱洗澡也是一种文化，那就是日本人的“澡堂文化”。

日本的澡堂不仅是一个休息的场所，更是一个社交的场所。因此，尽管日本人家中都有自己的浴室，但仍有许多日本人喜欢到付费的公共澡堂洗澡，为的是寻找伴侣，寻找说话的人。或者是去感受腾腾的热气，闻闻毛巾香，听听洗澡时的泼水声和木屐“啪嗒啪嗒”的声音、大声说话的声音、呼朋唤友的声音，这些都是他们习惯和熟悉的声音。在这样的环境里，大家会产生一种认同感、归属感和亲密感。

二、韩国社交礼仪：体会韩国人的社交文化

韩国人所接受的文化受中国儒教的影响很深，直到现在，韩国社会生活的方方面面都可以找到很多封建等级制度的痕迹。

1. 先鞠躬后说话

韩国人说话的语气可以分成3种，说话之前要根据对方的年龄、地位分别选择尊敬、略尊敬和不尊敬的语气。除了自己的家人以外，对于比自己年长4岁的人是不能使用不尊重的语气的。很多外国人学习韩语难的原因就是不知道用哪种语气去跟别人交谈。

在韩国，光说礼貌语是不够的。在道谢、致歉和迎送客人的时候都要鞠躬，这是最起码的礼节，就像中国人跟对方微笑、点头是一样的意思。鞠躬也是有讲究的，还要根据对方的身份决定鞠躬的角度。

2. 公司里很少直呼其名

韩国公司和日本公司大同小异，都是按照年龄和参加工作的时间长短排列等级，下级对上级要绝对服从。下级在回答上级问题的时候，一定不能三心二意，只是简单地回答“嗯”是不礼貌的，必须肯定地回答“是”。韩国同事间的称呼都是用职位，只有没职位的底层职员才能用名字称呼，不过还要加上“××氏”这样的敬词。

虽然在韩国职位低的人在公司里需要看人脸色，过得很不自在，但还是有一定好处的。例如，同事聚餐的时候，一般都是由年纪最长的或职位最高的人付账。如果想拍马屁和上司争着付账，就会被看作“以下犯上”不给上司面子。

3. 喝酒必须别人给敬

韩国人都非常爱喝酒，并且有很大一部分人“嗜酒”，和中国人一

样，在韩国也有很多“酒规矩”。

首先，韩国人不能自己给自己斟酒。自己斟酒是喝闷酒的表现，互相斟酒才算是礼貌。并且在给别人斟酒的时候，一定要一手握瓶一手托住瓶底，被斟酒的一方要用右手托着端酒杯的左手臂肘处。但是结了婚的女性只能给自己的丈夫斟酒。

敬酒时要把自己的杯子递给对方，斟一杯酒，对方喝完后拿回杯子由对方斟酒自己再喝。与长辈相对的时候，不能面对着长辈喝酒，一定要侧过身子才行。

4. 男人不能跨进厨房

至今韩国还保留着封建大家庭的传统，父母与结了婚的长子住在一起，对一家之主——父亲要绝对服从。

在传统的韩国人家，男人是不允许进厨房的。有些韩国男性朋友却连方便面都不会煮，因为从来没有进过厨房。只要一条腿迈进厨房，就会被家长教训“丢男人的脸”。

三、美国人的那些社交习惯

我们公司经常会安排一些人出差。有一次，正好轮到进入公司不久的杨安琪被派到外地出差，回来以后她给我们讲述了她在火车上的一件事情。她在卧铺车厢里，遇到一位来中国旅游的美国姑娘。这位美国姑娘非常热情地向杨安琪打招呼，使安琪觉得不与人家寒暄几句实在显得不够友善，于是就操着一口流利的英语，大大方方地与对方聊了起来。

交谈中，杨安琪觉得无聊，就开始没话找话地询问对方：“你今年多大岁数？”美国姑娘答非所问地说：“你猜猜看。”杨安琪自觉没趣又问道：“你这个岁数，一定结婚了吧？”更令杨安琪吃惊的是，对方居然转过头去，再也不理她了。一直到下车，两个人再也没说过一句话。

杨安琪就有一种疑问:“这位美国姑娘是不是没礼貌呀？”这时另一位同事对她说道:“不是人家没有礼貌，是你没有礼貌。咱们中国人一般寒暄的时候可能会随便谈论一些话题，可是有些话题在美国人那里就是隐私，例如，你问的这个年龄问题，美国女人是最忌讳的，打探别人的年龄，无疑是打探她的隐私，她当然会不满你的无礼了。”

杨安琪这时候才恍然大悟。

相对于中国来说，美国的社交礼仪是有一定区别的，有些问题及举动在中国人眼里是很平常的表现，可是在美国人眼里却会是无礼甚至是一种侵犯的表现，所以了解美国的社交礼仪对于职场人士来说也是非常必要的，以避免在外国友人面前遭遇尴尬。下面就来讲述一下美国人在社交中坚持的几项原则。

1. 见面礼节，去繁就简

在西方国家人们在传统上有一套烦琐的见面礼节，从握手、问候到互相介绍都有约定俗成的习惯。相形之下，美国人在与人交往时就比较随便。美国人与朋友之间通常是熟不拘礼地招呼一声“哈罗”，就算两个人是第一次见面，也不一定要握手，只要笑一笑，打个招呼就行了，还可以直呼对方的名字，以示亲热。

但是如果在正式场合下，美国人就比较讲究礼节。握手是世界各地最普通的见面礼。在美国握手的时候，男女之间应该由女方先伸手，但是男子握女子的手不可太紧。长幼之间，年长的先伸手；上下级之间，上级先伸手；宾主之间，则由主人先伸手。

美国人在与人握手时必须要摘掉手套。如果因为某些原因来不及摘手套，必须要向对方说明原因并且表示歉意。在人多的时候千万注意不要交叉握手，女性彼此见面时可以不握手。

2. 称呼随便，舍姓喊名

美国人不喜欢用先生、夫人或小姐这类称呼，他们认为这种称呼太过于生疏。他们喜欢直呼对方的名字，这样有一种亲近感。

美国人与别人初次见面时，往往是连名带姓一起介绍，比如说："我叫玛丽·史密斯。"这时对方可以叫她"玛丽"或"史密斯小姐"。常见的情况是，在开始交谈的时候可能互相用姓称呼，过不了一会儿就改称名字了。

3. 与人交谈，莫问私事

在美国，人们的行为都会以个人为中心，个人利益是神圣不可侵犯的，这种准则渗透在社会生活的各个方面。美国人在社交中，不喜欢涉及个人私事，有些问题甚至是他们所忌谈的，例如，询问年龄、婚姻状况、收入多少、宗教信仰、竞选中投谁的票等都是非常冒昧和失礼的。

美国人看到别人买来的东西，从不去问价钱是多少。见到别人外出或回来，也不会去问上一句"你从哪里来？"或"去哪儿？"。至于收入多少，更是不能随便问的事情，如果谁在这些方面提出问题，一定会遭人厌恶。美国人往往用"鼻子伸到人家的私生活里来了"这句话来表示对提问人的轻蔑。

美国人对年龄的看法与我们大不相同。在中国，老年人往往会受到尊敬，然而在美国却是"人老珠黄不值钱"。因此在美国，老年人绝不喜欢别人恭维他们的年龄。

有一次，中国留学生在美国中西部的一个城市举行盛大聚会，宾客如云，当地一位名牌大学的校长与其母亲也光临盛会。留学生在欢迎辞中说："××老夫人的光临使我们全体同学感到荣幸。""老"字在中国是尊称，不料却触痛了这位老夫人，当时她脸色就变了，尴尬不堪，从此再也不在中国留学生的聚会上露面。

4. 礼貌用语多多益善

可能到过美国的人都有这样一种印象：美国人讲话嘴很甜，他们对好听的话从不吝啬，常令听者心舒意畅。的确，在美国“请”、“谢谢”、“对不起”之类的语言随处可闻、不绝于耳。

在美国，无论什么人得到别人的帮助时都会说一声“谢谢”，即使总统对侍者也不例外。在商场里，售货员的脸上总是堆着笑容，当顾客进门时，她们会主动迎上来问一声：“我可以帮助你吗？”当顾客付款时，她们会微笑着道谢。最后还会以道谢声送人离去。同样，顾客接过商品时也会反复道谢。

美国人在一家人之间也是客气话不离口，不仅夫妻之间如此，对小孩子说话也常带“请”和“谢谢”，这样，孩子便自然地养成了讲礼貌的好习惯。

美国人还习惯于对别人说“对不起”。当人们发生小摩擦时，一声“对不起”，常使芥蒂烟消云散。就是遇到一些微不足道的小事，例如，向别人问路、在剧场中从别人座位前走过等，美国人也会连声表示歉意。美国人把在公共场所打嗝或与别人交谈时打喷嚏、咳嗽都视为不雅，遇到这种情况，他们都会说声“对不起”，请对方原谅。

因此，千万不要用中国的礼仪方式去跟美国人交往，这样难免就会触犯她们的底线，无意间就得罪了别人，所以跟美国人学习一下美国的社交礼仪吧！

四、日本人：礼多人不怪

我们公司有一个日本女孩，我们都称呼她叶子，已经可以算得上公司的元老了，因为她进公司将近 10 年了，虽然没有任何职务，但是平时负责处理账票类工作，所以连部长都对她很客气。

由于叶子平时做事比较苛刻，为人严厉，因此部门里做销售的新职员们，虽然表面上对她客客气气，背地里却个个骂她，对她恨之入骨。

有一天，她感冒了戴着大口罩，坐在她的位子上继续工作，办公室里只有接听电话声。午间休息的时候，公司里十多个女孩如同往常一样，都集中到会议室里，边吃便当边闲聊，只有叶子一个人不见了。

去哪里了呢？每一天的会议室便当餐，叶子是从来不会缺席的，今天却非常奇怪。我一边想着，一边走到茶水间想倒一杯茶，正好看到叶子一个人从接待室小间里走出来，手里拿着刚刚吃完的空便当盒。原来，叶子怕自己的感冒影响到别人，一个人躲在接待室的小房间里偷偷吃完了便当。

如此强势的日本女人，在自己患了感冒后，也会像受伤的小动物一样躲在角落里。从此以后我对这个女孩慢慢有了钦佩的感觉。

日本人十分注重礼节，见到陌生人通常要脱帽鞠躬，在行鞠躬礼时，不但讲究行礼者必须毕恭毕敬，而且鞠躬的度数、鞠躬时间的长短、鞠躬的次数等方面还有其特别的讲究。一般而言，日本人在行鞠躬礼时，鞠躬度数的大小、鞠躬时间的长短、鞠躬次数的多少，往往会跟对方所表示的尊敬程度成正比。日本人在行鞠躬礼时，还规定手中不得拿东西，头上不得戴帽子，把手插在口袋里亦不允许。

有的时候日本人还会一面与人握手，一面鞠躬致敬，或是仅仅与他人握手为礼。不过在一般情况下，日本妇女尤其是日本的乡村妇女，与别人见面时，是只鞠躬而不握手的。在行见面礼时，日本人讲究必须同时态度谦虚地问候交往对象，常用的见面礼节语有“您好”、“您早”、“晚安”、“再见”、“拜托了”、“初次见面请多关照”等。总之，日本人是认为“礼多人不怪”的。

在日本民间，尤其是在乡村，人们在送别亲友时，往往还会向对方行跪礼。跪礼即屈膝下跪，它是妇女所行的礼节。摇屐礼，即手持木屐在空中摇动，这是男子所行的礼。

日本人与他人初次见面时，通常都要互换名片，否则即被理解为不愿与对方交往。因而有人将日本人的见面礼节归纳为“鞠躬成自然，见面递名片”。在一般情况下，日本人外出时身上往往会带上好几种印有自己不同头衔的名片，以便在交换名片时可以因人而异。

日本人宴请友人时，桌上总要摆一碗清水，并在客人面前摆上一块白纱布。主人先将自己的杯子在清水里涮一涮，杯口朝下在白纱布上将水珠按净，然后斟酒并双手敬于客人。目视着客人干杯。接着，客人也以同样的方式向主人敬酒，如此交杯尽兴，以表宾主亲密无间，称为“交杯礼”。

在交际场合中，日本人的信条是“不给别人添麻烦”。因此，他们忌讳高声谈笑，但是在外人面前，他们都会满脸笑容，而无论自己是否开心。日本人认为，这也是做人的一种礼貌。

五、“不关心”也是日本礼仪

人情味是人性中最温情的一面，它是人与人之间真挚情感的自然流露。中国是一个富有人情味的国家，它表现在日常生活中的各方各面，一个关心的眼神、一个亲切的微笑、一句温馨的问候，无不基于人们对彼此的关注和关心。

但许多到过日本的中国人会觉得，日本社会缺乏这种人情味。相熟的还好，如果是对陌生人，日本人会显得漠不关心。众所周知，日本人非常讲究礼仪，但是你知道吗，在日本“不关心”也是一种礼仪。

例如，在早晚高峰的电车中，拥挤的人群中总有人会出现这样或者那样的问题，但旁边的日本人一定会装作没有看到，并把头扭到别处或者干脆闭上眼睛。

对于日本人来说，这种“不关心”也是日常礼仪。因为电车上偶然出现情况的人与自己毫无关系，如果对其过分关注或者视而不见都是失礼的。**他们认为当与对方四目相接时，向对方表明自己认识到对方的存在后，应该马上将视线移开，以表示自己对其没有过分的好奇或意图。**

这种做法在上世纪中后期的欧美十分流行，可以说是当时“中流社会”的标准礼仪。例如，英国人会教育自己的孩子，见到王族不能过分好奇；美国人会教育孩子，不许对“外观看上去和自己明显不同”的人一惊一乍。

人们收敛自己的视线、按压自己的好奇心，以免伤害对方或表现出自己的无礼。

在日本这种做法有时也会显得有一些尴尬。在人与人“亲密接触”的电车里，人们除了手脚不知道往哪儿放，视线不知道朝哪儿瞅才是最难受的。可以说日本人在电车上的三大爱好：看书、睡觉、玩手机，都或多或少有这个原因吧。

第五章

彭林说礼秘诀：我的位置在哪里

著名礼学专家、清华大学人文学院历史系彭林教授认为：在不同的场合，面对不同的人，我们安排座位时遵循一定的原则才能合乎“礼”的要求。在彭林教授看来，“坐”和“立”看似简单，但要想做好也绝非易事，它与我们自身的内在素质大有关系。那么，在不同的场合，我们应该如何找准自己的位置呢?

一、熟知座次，做个懂尊卑的聪明人

大学毕业之后，我们大学同学组织了一次同学聚会。其实是当时在市内小有成就的王冰和他的夫人李桐为了让同学联系一下感情，组织了这次聚会，并且宴请了不少老同学。

经过一段时间的打牌、聊天之后，菜肴已经摆满了桌子上，各自方便之后，王冰首先坐到了最上方的主人席，然后王冰就安排其他的客人入座，这时就听到他同样在生意场上打拼的夫人李桐大声说："你看王冰，真是不懂规矩，不让客人坐席位，自己跑到上头坐了，真的不像话啊！"

原来李桐把主人的位子当成主宾席位了。我小声地对李桐说："你不要讲了，王冰坐的席位是对的，那叫主人席位，不是主宾席位。主宾席位是在王冰的右边"。最后李桐闹了个大红脸。

在很多情况下礼仪就相当于一个人的修养。也就是说，一个具备了良好礼仪的人也就具备了良好的修养。在日常生活中，座次其实是个再平常不过的话题，也是很容易被人忽略的礼仪。掌握在平时相聚时的座次礼仪，才能做个懂尊卑的聪明人，将自己的优雅与风度展现出来。

（1）一般人都会产生这样的疑惑，在座次礼仪中应该尊左还是尊右。其实从古至今都没有一个一成不变的规矩，在不同的年代和地域都有不同的规定。所以不要简单地认为我国是"以左为尊"。在座次的安排上，首先要看聚会的性质。在政务会议、国企内部的大型会议，一般仍然遵守“左为上”的原则；其他商务、社交、社外活动一般遵循“以右为尊”的国际惯例。

（2）中间与两边的位置。相比于两边的位置来说，中间的人说话更能使两边的人听清，便于与两边的人进行交流，所以一般来说以中间的位置为尊。

（3）前排为上，后排为下。“前”总是与“领先”相关。在会议中前排适宜安排更重要的人士。

（4）面对门的人为上，背对门的人为下。因为面对门可以准确掌握房间内的一切动态。

（5）针对不同的会场情况。还应该以使会议合理、高效进行为原则来判断座位次序。

长方形会议桌

这种会议桌常常出现在内部会议或者双边谈判的现场。在开内部会议的时候，一般职务最高的人坐在短矩形边的一侧，并且一定要面门而坐。但是在进行双方谈判的时候，双方要分别坐在桌子长边的两侧。各方中职位最高的人应在一方居中的位置，职位排在第二位的人坐在他的右边，第三位坐左边，依次排列。

椭圆形会议桌

一般出现在内部会议中，职务最高的人应该位于椭圆形会议桌的一头，表示他独有的特殊权力。

U 字形会议桌

同样出现在内部会议当中。

圆形会议桌

一般用来回避座次概念的内部会议或者多方谈判。可以体现出双方地位平等的、没有尊卑观念的划分。

设有主席台的会议桌

在内部大型会议或者对外新闻发布会会采取这种形式。一般主席台的座次排列是前排高于后排、中间高于两边、右边高于左边。主持人的位置既可以安排在前排的中间也可以安排在最右端，发言席在主席台正前方或右前方。台下会议人员与主席台面对面，遵循同样的座次原则。

特殊情况

会见：一般官方或者正式会见的时候，可以安排宾主并排而坐，客人坐在右侧。主客随行人员分别在两侧就座，与宾主双方呈现U形。

茶话会：茶话会一般不会针对什么商务目的进行谈判，主要是以联谊和沟通为目的，其中的商务会议色彩比较暗淡。因此，茶话会的座次礼仪不必特别讲究，只要方便大家交流即可。在室内，可以将椅子围成一圈，或者直接采用圆形会议桌，大家随意就座。在室外，座位可以随意调整，营造舒适、自由的交流空间。

二、论资排辈，会场上对号入座是上上策

徐媛供职于深圳一家外贸公司，她说："上班还不错，我最纠结的就是开会时应该坐在哪儿。"

一次开会时，徐媛没留心去晚了，看到第二排有两个座位没人坐，想也没想就坐了下去。可不一会儿，自己部门的经理竟然坐在旁边的空位上了。

总裁让各部门代表发言时，经理扫了一眼旁边的徐媛，又看了看其他同事，随口道："小徐，一会儿你代表我们部门说几句吧！"

经理下了命令，徐媛就当仁不让地说了几句。散会后去洗手间时，她听到部门的同事在嘀咕："那个新来的徐媛可真会找座位……她才来几天，就坐得离领导那么近，轮到谁也不能轮到她坐在

前面吧！好像我们先来的都胆小似的，她逞什么能啊？”“就是，就是！”

徐媛一听就明白了，同事是嫌自己坐在前面，抢了她们的风头！

下一次开会时，她就学聪明了，早早去会议室找了个靠后的位置。没想到的是，这次让经理不高兴了，同事看她坐后面也都往后面坐，结果经理来了一看，会议室前几排都没人坐，后几排却人满为患，而且泾渭分明：一排是老员工，一排是公司的新人。

于是，经理大声命令道：“大家来前面坐，都坐在后面算什么事！”一听经理如此说，徐媛的同事开始往前坐，最后只有徐媛一人原地不动，孤零零地坐在那里，像一座孤岛。经理看了她一眼，想说什么却什么也没说。

会后经理让其他同事走了，却留下徐媛，语重心长地说：“一定要与同事搞好关系，被同事孤立会影响以后的工作。”

坐前面不行，坐后面也不行，坐在哪个位置上是对的？其实这个场景，在大多数公司开会的时候应该都会见到。

好好想一想，自己在公司开会的时候是不是也会很乐意坐在后面呢？开会的时候自己是否留心观察过，谁会坐在老板的旁边？又有谁会坐在老板的对面？还有谁会在内圈没有坐满，反而选择坐到外圈？

开会怎么坐，这是个大问题。小会场，大职场，职场人士要“坐”出职场大好前程，一定要了解会场上与座位有关的学问，特别是座位的潜规则。

其实只要观察在开会的时候，大家选择坐在哪里，就会微妙地传递出那个人在这个集体中的自我定位，以及对于自己未来发展的企图心。

如果是在阶梯教室式的大会议上，无论是座次还是发言顺序都是事前安排好的，没有什么可值得研究的。但是如果是在 10 人左右的圆桌会议，那么每个人的表现都会被领导看在眼里，要选择什么样的位置就得细细斟酌一下。

老板身边的位置：亲密的支持者

一般老板身边的位置，都会被人认为是避之不及的雷区。除非被老板指定做会议记录的人或者是地位仅次于老板的人才会去坐，其他人就算是业绩出众也很少会选择这个位置。因为坐在老板身边，不但所有的小动作都会被老板一览无余，而且也说明是老板身边的红人，那么其他的同事往往就会对此人敬而远之。在开会讨论的时候，这个人要第一个发言；老板一旦发表意见，这个人也需要第一时间给予回应；开会遇到僵局，也得要随机应变解除老板的尴尬。

所以一般选择这个位置的人，往往会被老板视为左膀右臂，也是老板最亲密的支持者。

如果一个人符合上面所说的这种情况，那么开会的时候就要当仁不让地坐到老板旁边的位置上，因为这是他的“职责”所在。但是如果公司并没有这样一个人物可以占据这个位置，是否选择在老板身边的位置落座，便完全取决于一个人的进取心和表现欲。

老板对面的位置：积极的表现者

开会的时候选择圆桌或常规的椭圆形桌子（两端距离过分长的椭圆形除外），一般坐在老板对面位置的人，在公司的地位也不低。

人的视线一般会选择直视。所以在开会的过程中，对面那个人的反应，也会被老板第一时间观察到。皱眉、摇头、微笑等小动作，也难逃老板的法眼。同时，一个人在专心致志、点头赞同、意图发言等，老板也同样会第一时间看在眼里。

虽然说这个位置上的人不如老板身边的人亲密，可是这也是由行政级别决定的，跟一个人的工作表现无关。一般选择坐这个位置的人是想以后受到老板的重视，取得优异的成绩

如果想要积极表现自己，选择坐在老板对面，比坐在老板的身边要隐晦一些。因为主动坐在老板身边，往往会被别人认为是溜须拍马的人，

但是坐在老板对面这种意思就弱化了一些。同样想要表现自己，坐在这个位置上就更得讲究技巧。

在所有的位置都被人坐的情况下，如果是一场圆桌会议可以容纳十几个人，但是只有四五个人，这时候坐在老板身边会好一点。

老板侧面的位置：大多数的合作者

这个位置数量最多，也容易被占据。选择这个位置的人一般选择中庸的态度，而且在这个团队里起着润滑剂的作用。

坐在这个位置，可以方便观察全局的形势。并且可以清楚地听到上司的发言，方便发表自己的观点和意见，同时也不会被老板忽略。这个位置也可以跟同事进行互动，看清每个人的表情。坐在这个位置的人或许不是能力最强的，但也是一个团队中不可或缺的基石。

但是这个位置也有态度积极和不积极之分，一般离老板距离越近，积极性越高。

坐在侧面也有利于保护自己的安全，逃离老板的视线，做一些小动作也不会被发现，如果对这场会议没有做好充分的准备，可以选择这个位置躲避一下。

离老板最远的位置：潜水的旁观者

一般来说，在椭圆形的会议桌上，离老板距离最远的侧面位置，或者外圈的位置，都是距离老板很远的安全位置。选择这个位置的人都没有什么大的发展前途。

位置选择得越靠后，说得好听是“明哲保身”，其实也表明是一个“胸无大志”的人。自认为自己的位置很隐蔽，前面的同事也会挡住自己的形象，从而让自己处于一个被动的地位。试想老板怎么会选择发掘那些甘愿退守二线的人呢？所以如果想在公司有所发展千万别让老板觉得你是个“隐形人”！

要想在职场中选择低调，主要是为人处世不要过于骄傲自大，而不是说在工作场合要处处退后。如果不想埋没自己的才华，开会的时候千万不要选择这类“低调”的座位。

三、合理安排签字位次，让人如坐春风

邵明是市场营销专业本科毕业生，就职于某大公司销售部，在工作中积极努力、成绩显著，3 年后升任为销售部经理。一次，公司要与美国某跨国公司就开发新产品进行谈判，公司将接待安排的重任交给了邵明，邵明也为此进行了大量、细致的准备工作，经过几轮艰苦的谈判，双方终于达成协议。

然而在正式签约的时候，客方代表团一进入签字厅就拂袖而去，是什么原因呢？原来是因为邵明误将美国国旗放在了签字桌的左侧，项目告吹，邵明也因此被调离岗位。

签字仪式，一般是为了双方达成协议，订立合同、协议的各方在合同、协议正式签署时所正式举行的仪式。举行签字仪式，不仅是对谈判成果的一种公开化、固定化，而且也是有关各方对自己履行合同、协议所做出的一种正式承诺。签字仪式作为谈判的最后一个环节却起着至关重要的作用，如果像张明一样马虎，一个好项目就会因此被毁掉。因此不仅要注意会场布置的细节问题，签字仪式时的位次排列也是一门学问。

从国际礼仪上来讲，在举行签字仪式的时候，一定要在力所能及的条件下，表现出自己方的郑重其事和认真的态度。其中最值得注意的就是签字的座次排列问题。

一般在举行签字仪式的时候，可以运用 3 种方式来进行座次排列，而且它们分别适用于不同的情况。

第一种是并列式。这种方式是在举行双方签字仪式的时候最为常见的形式。一般的做法是签字桌在室内面对着门横放。出席签字仪式的双方代表人员在签字桌之后并排排列，双方签字人员居中面门而坐，客方居右，主方居左。

第二种是相对式。相对式签字仪式的排座，与并列式签字仪式的排座基本相同。二者之间的主要差别，只是相对式排座将双方参加签字仪式的随员席移到签字人的对面。

第三种是主席式。这种方式主要适用于多方签字仪式中。其操作特点是：签字桌仍然是在室内横放，签字席仍然是被设置在桌子后面而且对着正门，但是只允许设一个，并且就座者不是固定的。

在正式举行仪式的时候，所有各方人员，包括签字人在内，都要背对着正门、面向签字席就座。签字的时候，各方签字人应该以规定的先后顺序依次走上签字席就座签字，然后即应退回原处就座。

因为签字仪式的文件需要长久保存，所以签字时应该用黑色签字笔或者钢笔，不宜使用圆珠笔或者其他颜色的笔。

公务人员在操作签字仪式时，可以遵循下面的基本仪式进行运作：

（1）就座。在正式宣布开始以后，双方的代表人员先后步入签字厅，在各自规定的位置上正式就座。

（2）正式签署文件。一般都是首先签署由自己方保存的文本，然后再签署由他方保存的文本。依照礼仪规范，每一位签字人在自己方保存的文本上签字时，应该名列首位。

所以，每一位签字人必须先签署由自己方保存的文本，然后再交给他方签字人签署。这种做法，通常称为“轮换制”。

（3）交换文本。各方签字人此时应该热烈握手、以致祝贺，并互换刚才用过的签字笔，留作纪念。

（4）最后饮酒祝贺。在各方人员交换文本以后饮上一杯香槟酒，并与其他人士一一干杯。这是国际上所通行的增加签字仪式喜庆色彩的一种常规做法。

另外在举行双方签字仪式的时候，位次排列的基本原则包含以下三点：

第一，签字桌一般横放在签字厅内。

第二，双方签字者面对房间正门而坐。

第三，双方参加签字仪式的其他人员，一般需要呈直线、单行或者多行并排站立在签字者的身后，并面对房间正门，通常面对正门站在右侧的是客方，站在左侧的是主方。

要注意一点，中央要高于两侧，也就是双方地位高的人站在中间，站在最外面的人地位相对较低。如果站立的人员有多排，一般的原则是前排高于后排，站在第一排的人地位较高。

四、会客时，位次安排得体突显主人优雅

我的朋友安怡是一家外贸公司的总经理秘书，她在这家公司工作已经两个多月了，马上试用期就要满了，可以签署正式合同。

这天总经理交给她一项任务，总经理准备宴请一位客人，让安怡去选择一家饭店订餐。安怡把一切都准备妥当了，总经理要求安怡一起去，到达已经订好的饭店以后，大家有说有笑地走进包间，然后总经理对安怡说：“安秘书，我们应该怎么坐啊？今天全听你的安排。”

安怡当时心头一紧，不过幸好之前学校对社交礼仪进行了培训，所

以安怡也没有什么好紧张的。饭店的桌子是一张八仙桌，所以安怡安排客人在最里面正对门的一个座位就座，然后以右为尊，分别安排客人入座。总经理看着安怡安排完座位，眼里透出一丝笑意说："安秘书，恭喜你通过了我们的试用期，明天即可正式签署合同。"安怡眼前一亮，原来这是试用期内总经理对她的最后一项考验。

中国是一个传统的国家，在会见客人的时候，讲究的是："坐，请坐，请上座；茶，上茶，上好茶。"对于如何让座的问题非常重视。

在会客的时候，给别人让座要注意两点。一方面，必须要严格遵守有关的惯例；另一方面，则要尊重客人的意愿。但是总体来说，会客的时候应当恭请来宾就座于上座。一般在会客的时候，基本上遵循下面的几种方式来安排座位，作为家里的主人，当然对如何安排座位的问题更应该驾轻就熟。

1．相对式

它的具体方法是，客人和主人面对面坐着。这种方式主次非常分明，可以方便宾主双方公事公办，保持距离。这种方式一般适用于公务性的会客，它又可以分为下面的两种情况。

（1）双方就座后，难免就会有一方面对正门，另一方则背对正门。因为大多数人普遍讲究的是"面门为上"，所以面对正门的就是上座，应该邀请客人就座；背对正门的座位是下座，那么就是由主人就座。

（2）双方就座于室内两侧，并且面对面地就座。这个时候就讲究进门后"以右为上"，即进门后右侧的座位是上座，应该请客人就座；左侧的座位就是下座，应该由主人就座。

2．并列式

这种方式是宾主双方肩并肩就座，用来暗示双方"平起平坐"，地位相等，关系比较密切。具体的也可以分为以下两类情况。

（1）如果是双方一起面对正门就座。这时就讲究“以右为上”，所以就要请客人就座在自己的右侧，如果双方不止一个人时，双方的其他人员可各自分别在主人或主宾的一侧按身份高低依次来就座。

（2）如果双方一同在室内的右侧或左侧就座。这时讲究“以远为上”，所以距门较远的座位就是上座，应该让给客人；距门较近的座位就是下座，应该留给主人。

3. 居中式

这种居中式排位，其实是并列式排位的一种特例。如果很多人一起就座，就要讲究“居中为上”，在最中间的座位就是上座，应该请客人就座；那么剩下两侧的位置为下座，应该由主方人员就座。

4. 主席式

这种方式主要适用于在正式场合由主人一方同时会见两方或两方以上的客人。此时，应该是主人面对正门就座，然而其他各方来宾则应该在其对面背门而坐。这种安排就像是主人正在主持会议，故称为主席式。有时，主人亦可坐在长桌或椭圆桌的尽头，而请其各方客人就坐在他的两侧。

5. 自由式

这种方式是会见客人的时候有关各方不用分清主次，不讲位次，而是一律自由选择座位，一般在进行多方会面的时候使用。

五、商务谈判位次有规可循

王云是一家礼仪公司的礼仪指导。有一次，一家公司准备了一场大型的谈判，于是让王云帮忙看一下会场布置得是否得当。

当王云看到会场的布置，大吃一惊。主办公司一方像主考官一样，背对着窗户与阳光，坐在一把大椅子上，面前摆着一张大写字台；而谈判的另一方则在远离那张大写字台的一张小椅子上。这种座位安排显然使被动的一方处于不利的地位。阳光直射他的眼睛，使他感到很不自在；大写字台不仅给被动的一方造成了心理压力，而且它是双方处境不同的标志；椅子的大小差异则强调主动一方的权力。

这种安排方式说明主动者一方丝毫不懂得交流的技巧，从而一开始就使一方处于不快的状态当中。最好的办法是，撤掉写字台这个障碍物，使被动的一方避开刺眼的阳光；把被动者的位置安排在主动者的一侧，以增加亲近感。王云当即提出了他们布置的不当之处，避免了谈判会场中的不愉快发生。

谈判是社交中一种特殊的形式。由于谈判关系到双方或者双方所在单位的切实利益，所以谈判不可避免会有一些严肃性。在举行正式谈判的时候，有关双方的座位安排也是非常严格的。一般来说，排列正式谈判的座次，可以分为以下两种情况。

1. 双边谈判

双边谈判，一般指的是由两个单位的人士举行的谈判。在谈判的类型中，双边谈判是最为常见的。

双边谈判的座位排列有两种方式可以选择。

（1）横桌式

谈判桌在谈判室内横着放，客方代表面对门就座，主办方人员背门而坐。除了双方主要谈判者居中就座外，各方的其他人士应该依照具体身份的高低，各自先右后左、自高而低地分别在自己方一侧就座。双方主谈者右边的位置，在国内谈判中是副手的座位，然而在涉外谈判中就应该是翻译人员的座位。

（2）竖桌式

竖桌式座次排列是指谈判桌在谈判室内竖放。具体排位时以进门时的方向为准，右侧由客方人士就座，左侧则由主方人士就座。在其他方面，则与横桌式排座相仿。

2. 多边谈判

多边谈判主要是指由三方或三方以上人士所举行的谈判。另外多边谈判的座次排列，也可以分为以下两种。

（1）自由式

主要是指各方代表不分主次、高低，可以平等就座。

（2）主席式

意思是在谈判室内，留出一个面对正门的位置，分别由各方代表发言的时候使用。其他的各方人士，就要一律背对正门、面对主席之位分别就座。各方代表发言完毕，也应该下台就座。

想要成功就要注重细节，这种思想在商务谈判中同样适用。如果在谈判中，给各方一个合适的座次安排，不仅彰显了主办方得体的谈判礼仪，更可以体现出主办方的企业形象。所以在商务谈判中，座次安排这个细节绝对不可以被忽视。

六、商务宴会中的座次安排对了吗

李莹要和领导接待一个重要的客户，因为客户酒量好是行内众所周知的，再加上安排的节目比较多，所以“不胜酒力”的李莹便硬拉上好朋友芝兰去调节气氛，撑撑场面。

原本领导并不同意，但听李莹说“这朋友既能喝酒又能唱歌”，便爽快地答应了。到了酒店之后，芝兰不禁惊呼自己来对了，兴奋地对李莹说：“这比我们单位聚餐的饭店豪华多了，我平时也不应酬，就是办公室聚餐，气氛全靠我一个人来顶。不过这么豪华的酒店，我还是第一次来呢？”

说话间已经到了包间，领导急匆匆地走过来说：“走走走，贵宾到了，我们去门口迎接一下。”“行，芝兰，你先在里面帮忙倒下茶，等着哈。”于是，领导和李莹风风火火地回到门口去迎接，然后一行人一边寒暄一边往包间走去。

“来来来，杨总请上座。”人未到话先到，当几个人出现在门口时，每个人脸上的笑容都凝固了。只见芝兰端坐在正对着门口的座位上，看到众人后优雅地站起来，微笑着说：“欢迎大驾光临，快请坐吧，刚斟的热茶……”

“是啊是啊，杨总，你看我们芝兰美女多体贴，椅子都给您暖热了。这要是夏天，保不齐她还给您喂饱蚊子再让您进屋呢，呵呵……”李莹一边笑着往芝兰的座位走去，一边交代说，“芝兰，去让服务员上菜吧。”

芝兰忍着满心的不悦，笑了笑说：“遵命！”

“哈哈……王总哪儿弄来这么两个活宝。”顿时，现场笑声一片。

芝兰刚出来，李莹就跟了出来，然后拉住芝兰说：“天啊，你怎么坐那里去了，你看刚刚多尴尬啊……”

“我们办公室聚餐，我一直是坐那个位置啊。”

“那是主宾的位置，是所有座位中最尊贵的。你平时这样坐，你们领导坐哪里？”

“我们平时聚餐都不喊领导，这样放得开。那除了主宾的位子，是不是其他的就能随便坐？”芝兰生怕再闹出什么笑话。

李莹回道：“也不是，都有讲究的。一会儿我让你坐哪儿，你就坐哪儿。”

良好的礼仪能够增强彼此交往的认可度和信任度，而位次是商务礼仪的重要部分，反映出个人或公司的基本素养，是规模较大的公司或者高端人士需要特别注意的。通过恰当妥善的位次安排，来宾能感受到被认可和尊重的地位，以及细致的工作作风和态度。有时候，往往因为座位没有摆好摆对，摆上再好的鱼翅和燕窝都是没有用的。

现在职场人士最常遇到的就是商务宴会了，这种场合对于位次的要求非常严格。在商务宴会中，位次的排列往往备受人们的关注。因为宴会位次的安排是否规范、是否符合礼仪的要求，不仅可以反映出商务人员自身的素养、阅历和见识，还反映了对交往对象的尊重和友善的程度。为了避免贻笑大方或者造成负面的影响，就必须特别注意在不同场合的位次排列礼仪。

1. 宴会中，轻松并不意味着随便

可能对于大多数人来说吃饭就是一件放松的事情。许多人在正式结束会谈以后，更希望在饭桌上远离公务。然而，轻松并不意味着随便。事实上，人们希望的尊重之意是随时随地存在着，即使是在饭桌上也不例外。因此，我们在参加或者组织宴会的时候，同样要把对对方的尊重表现出来，宴会的位次安排就是重要的一环。

在举办正式的宴会时，一般应该提前安排位次。宴会的排位，通常又可分为桌次的安排与席次的安排两个具体方面。

2. 桌次的安排

在宴会上，如果所设餐桌不止是一桌，那么就有必要正式排列桌次。排列桌次的具体讲究有三点：

（1）以右为上。当餐桌分为左右时，应以居右之桌为上。此时的左右，是在室内根据“面门为上”的规则所确定的。

（2）以远为上。当餐桌距离餐厅正门有远近之分时，通常以距门远者为上。

（3）居中为上。当多张餐桌并排列开时，一般居中央者为上。

在大多数情况下，以上 3 条往往是交叉使用的。

3. 席次的安排

在宴会上，席次具体是指同一张餐桌上席位的高低。中餐宴会上席次安排的具体规则有以下四点：

（1）面门为主。即主人之位应当面对餐厅正门。有两位主人时，双方则可对面而坐，一人面门，一人背门。

（2）主宾居右。它的含义是，主宾一般应该在主人右侧之位就座，

（3）好事成双。根据传统习俗，凡吉庆宴会，每张餐桌上就座之人应为双数。

（4）各桌同向。通常，宴会上的每张餐桌上的排位均大体相似。

七、到底是坐在副驾驶还是后排座

我的同事小边是一位刚刚大学毕业的小姑娘，有一次公司想要安排人去机场接一下前来进行会面的合作公司的杜经理。由于所有人都有安排，于是让小边跟公司的司机开车去接一下。

小边在接到对方公司的杜经理以后直接跟杜经理肩并肩坐在轿车的后排位置。到达公司后，公司的人当时都在外面等着迎接杜经理，大家一致鼓掌表示欢迎的时候，没想到后排开车门下来的居然是小边，公司的人全部傻了眼，顿时全部尴尬起来，然后杜经理从轿车中走下来。

后来小边因为这件事被顶头上司训了一顿，小姑娘也感觉自尊心受损，选择了辞职。

作为一名职场人士在恰当的场合选择自己所处的恰当位置是一项必须具备的技能。不要把乘坐轿车看作是一项非常简单的事情，职场中无小事情，有一样事情做不到位，那么面临的不仅是丢人，更可能是丢工作。

一般情况下，在上下轿车时，应该让客人先上车、后下车。当然，如果是很多人共坐在一辆轿车中，就可以谁方便谁先下车。乘坐轿车时，还有一个问题就是轿车座位的尊卑之别。一般轿车的座位分为3种情况，不同的情况有不同的讲究。乘坐双排座位或者三排座位轿车时，座次的具体排列，也要根据驾驶员的身份做不同的安排。

（1）乘坐轿车时

乘坐轿车时，车上的座位，由尊而卑依次为：后排右座，后排左座。

但是在乘坐四排或者四排以上的中型或大型轿车时，通常以距离前门的远近来确定座次，离前门越近，座次越高；而在各排座位中，则又讲究“右高左低”。简单地讲，可以归纳为：由前而后，自右而左。只要把握好在车里的尊卑次序，就能快速找准自己的位置。

（2）由车主亲自驾驶时

双排五座轿车上其他 4 个座位的座次，由尊而卑依次应为：副驾驶座、后排右座、后排左座、后排中座。

如果是乘坐三排七座轿车上，其他 6 个座位的座次，由尊而卑依次应该为：副驾驶座、中排右座、中排中座、中排左座、后排右座、后排中座、后排左座。当主人亲自驾驶时，若一个人乘车，则必须坐在副驾驶座上；若多人乘车，必须推举一个人在副驾驶座位上就座，不然就是对主人的失敬。

（3）如果有专职司机驾驶时

假如是双排五座的轿车上，由尊而卑依次应该为：后排右座、后排左座、后排中座、副驾驶座。

如果是在三排七座轿车上，其他 6 个座位的座次，由尊而卑依次应为：后排右座、后排左座、中排右座、中排左座、副驾驶座。

如果是三排九座轿车上，由尊而卑的顺序应该为：中排右座、中排中座、中排左座、后排右座、后排中座、后排左座、前排右座、前排中座。

根据常识，轿车的前排，特别是副驾驶座，是车上最不安全的座位。因此，按惯例，在社交场合，该座位不宜请女性或儿童就座。在公务活动中，副驾驶座，特别是双排五座轿车上的副驾驶座就被称为“随员座”，循例专供秘书、翻译、警卫、陪同等随从人员就座。

八、日常生活中的“行进”位次礼仪

有一次，我陪一个从苏州过来的朋友去拜访北京的几家文化单位。到了一家单位所在的街道，对方派人出来迎接我们，然后就带我们上楼。这本来没什么问题，但是在带路的时候我发现对方虽然很热情，但是好像不太懂礼仪，因为我们是第一次来这儿，对方作为东道主，应该走在前面给我们带路才对，怎么能让我们走在前面呢？让我们走在前面，我们又怎么知道在哪拐弯，在哪乘电梯？

结果到了电梯那儿，接我们的这个人还是很客气，非让我们先进电梯。双方互相客气了一下，然后我这位朋友就先进去了，结果人刚进一半，电梯门就合上了，直接撞到了他头。为什么会出现这种意外？说到底，还是不懂礼仪惹的祸。他们单位所在大楼的电梯没有专门的电梯工，负责接待的人就应该先走进去，按住开关，再请客人进去。出来时则相反，要按住电梯开关，等客人都安全地走出来，自己再出来。

这就是礼仪，并不是做礼仪小姐或在大单位上班才会用到。对人客气，并非什么事情都是让对方优先，凡事应该站在对方的角度去考虑问题，才能有效地排除障碍、提供便利，否则就会闹出笑话。

“行”与“进”在我们生活中如影随形，我们每天都要出入这样那样的场合，最基本的上下楼梯、进出电梯、出入房间的行为每天都要反复好多次，那么如何才能在这些“反复”的行为中体现出位次礼仪来呢？

1. 上下楼梯，位次有讲究

无论是上楼梯还是下楼梯，在行走过

程中需要我们掌握的位次顺序是：内侧高于外侧，中央高于两侧，前者高于后者。

具体来说，这种场合下我们还可以分为以下 3 种情况：

（1）横向行进时，陪同人员应该把内侧（靠墙一侧）让给客人，把方便留给客人。

（2）纵向行进时，以前方为上，把选择前进方向的权利让给对方。当客人不认识路时，陪同人员应在客人左前方 1~1.5 米处进行引导。

（3）男女同行时，一般女士优先走在前方。如果穿的是裙子，特别是短裙的话，上下楼时应该走在后边。

2. 电梯间的位次礼仪

上下电梯时的礼仪，主要分为出入电梯的次序和在电梯内站立的次序两种情况。

出入有人控制的电梯时，陪同者应后进后出，让客人先进先出。把选择方向的权利让给地位高的人或客人，这是走路的一个基本原则。如果客人初次光临，还不认识路，应该为他们指引方向。

出入无人控制的电梯时，陪同人员应该先行进入电梯，一手按开门按钮，一手拦住电梯侧门，礼貌地说“请进”，请客人或地位高的人进入电梯。

如果电梯里人很多，自己的位置不方便按电梯按钮，可以对靠近电梯门口的人说：“能否请您帮我按下 × × 层的按钮。”别人按了之后，应该面带微笑说声谢谢。

当到达客人或地位高的人所要求的楼层时，陪同人员一只手按住开门按钮，另一只手做出请的动作，可说：“× × 层到了，您先请！”待客人走出电梯后，自己立刻走出电梯，并热诚地为其引导行进的方向。

在电梯内，陪同人员应该靠边侧站立，面对或斜对客人。中途有其他客人乘电梯时，陪同人员应该礼貌问候。

3. 出入房间的位次礼仪

（1）当门是向内开的，打开后，自己先行入内，然后一只手按着门把，轻轻点头示意客人进入，这时引导的人可以站在门后阴影处，或者露出全身都无妨，基本上以露出半身较为合宜。

（2）如果门是向外开的，打开门后同样地单手按住门把，先稍微行个礼再请客人入内，就好像将访客送进去的姿势，然后自己再进去，背对门将门带上，引导来客入座。

（3）如果有特殊情况，双方都是第一次到一个陌生房间，陪同人员宜先入房门。

4. 进出宾馆

不管是出差或是旅行，我们都会入住宾馆。在进出宾馆的先后次序上，可以按照下列内容进行：

（1）如果没有特殊的原因，出入房间时应该是位高者先进或先出。

（2）如果有特殊的情况，比如需要引导，室内灯光昏暗，男士和女士两个人单独出入房间，这时标准的做法应该是陪同接待人员先进去，为客人开灯、开门，出去的时候也是陪同接待人员先出去，为客人拉门引导。

5. 做彬彬有礼的空中飞人

在所有正规的交通工具之中，飞机最为舒适，其档次也最高。乘坐飞机时，必须认真遵守乘机礼仪。

（1）不能携带危险物品登机

乘机时不得违规携带有碍飞行安全的物品。通常规定：任何乘客均不得携带枪支、弹药、刀具及其他武器，不得携带一切易燃、易爆、剧毒、放射性物质等危险物品。

登机时应当认真配合例行的安全检查。在进行安全检查时，每位乘客都要通过安全门，而其随身携带的行李则需要通过监测器。如有必要，对乘客或行李使用探测仪来进行检查或手工检查，这时不应当拒绝合作，或无端指责安检人员。

（2）禁用电子仪器

飞行时务必要遵守有关安全乘机的各项规定。在飞机飞行期间，一定要熟知并遵守各项有关安全乘机的规定。当飞机起飞或降落时，一定要自觉系好安全带，并且收起面前的小桌板，同时将座椅调直。

当飞机受到高空气流的影响而发生颠簸、抖动时，也要将安全带系好，切勿自行站立、走动。在飞行期间，移动电话、手提电脑、激光唱机、微型电视机、调频收音机、电子玩具、电子游戏机等电子设备均严禁使用。违反者要受到法律制裁。

（3）切勿乱摸、乱动飞机上的安全用品

飞机上的物品不要随意取拿，设备也不要乱摸。如果有特别需要就按座位旁边的按钮呼叫空乘人员，不要在机舱内大呼小叫。偷拿安全用品或私开安全门，不仅有可能犯法，还有可能危及自己和飞机上其他乘客的生命安全。

（4）乘机时不要妨碍他人

上下飞机时，要对空乘人员点头致意或者问好，要注意依次而行。上机后不要抢座位，应该对号入座，坐卧的姿势以不妨碍他人为好。如果感到闷热可以打开座位上方的通风阀，也可以脱下外衣，切忌打赤膊，更衣需要去洗手间。

不要在飞机上吐痰、吸烟，享用免费食品也要量力而行，不要抱着不吃白不吃的心理。与他人交谈时，说笑声切勿过高。呕吐时，务必要使用专用的清洁袋。对待客舱服务员和机场工作人员，要表示理解与尊重，不要蓄意滋事，或向其提出过高要求。

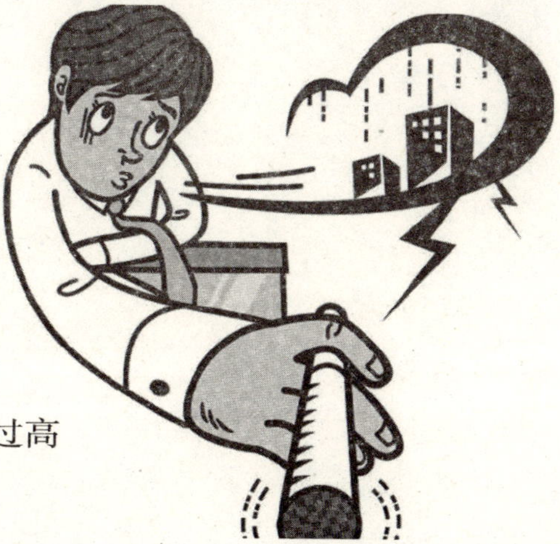

在飞机上放置自己随身携带的行李时，与其他乘客要互谅互让。当自己休息时，不要使身体触及他人，不要把腿、脚乱伸放或将座椅调得过低，以免妨碍到后面的人。

遇到飞机误点或改降、迫降时不要紧张，更不能向空姐发火。这时候，不少人会表现得急躁火爆，这是不适宜的。

6. 注意行进中的一些禁忌事宜

（1）忌行走时与他人相距过近，避免与对方发生身体碰撞。万一发生，务必要及时向对方道歉。

（2）忌行走时尾随于他人身后，甚至对其窥视、围观或指指点点。在不少国家，此举会被视为侵犯人权。

（3）忌行走时速度过快或者过慢，以免妨碍周围人的行进。

（4）忌一边行走一边连吃带喝，忌吸烟。那样不仅不雅观，而且还会有碍于人。

（5）忌与已成年的同性在行走时勾肩搭背、搂搂抱抱。在西方国家，只有同性恋者才会这么做。

实战篇

在了解驰骋职场需要从哪些方面提高自身素质后，本篇将为职场人士阐述在不同的场合中，面对不同的人、不同的境况究竟该如何应对，让自己应对各种状况游刃有余。我们在职场中一定要充分利用自身的礼仪优势，只要应用得当，升职、加薪均可如愿以偿。

第六章

CHAPTER 06

职场实战：想完美融入职场？有“礼”也有“距”

得体恰当的礼仪在办公室是必不可少的，良好的职场礼仪不仅有助于自我形象的塑造，也能赢得更多的尊重和友谊，以便于各项工作的顺利开展，让你在职场上左右逢源。

一、直言不讳还是口无遮拦？职场言谈要谨慎

有这样两位员工：一个说自己的老板是“混蛋”，另一个则承认自己在面试时“撒下弥天大谎”。不出所料，他们都被辞退了，因为他们的老板在微信上看到了他们的直率言论。

现在雇主们越来越喜欢上网查询，希望借此了解员工的真实情况，不被他们的简历和装扮出的美好形象所迷惑。

而肖凡眼看要到手的销售主管职位被取消了，因为老板无意间在某社交网站上看到他对公司的一些负面言论，并且得知他过几个月去上海发展。

“祸从口出”这四个字不管是在生活中还是职场中都需要被谨记，尤其在职场中立足本就不是一件容易的事情，如果平时又是个大嘴巴，在工作的时候也是大大咧咧的，说话不经大脑想说就说，总有一天会连自己怎么“死”的都不知道。下面这些话就是职场人士要注意的事情，千万不要说出这些话。

1. 都是你的错

这样说解决不了问题，更会得罪别人，因为这本身就是推卸责任的话语。一般敢说这句话的人心里都会想“反正有人罩着我”，只要把过错推给别人，自己一定会安然无恙。但是这种行为无疑会为自己的职场生涯蒙上一层霜，同事们都会对自己敬而远之，那么没有团队的帮助和

协作，如何才能取得成绩呢？所以在工作中出现失误后，首先要将注意力放在如何解决问题上，而不是一味地指责，要等到把问题解决，挽回了损失，再来谈谈如何避免发生类似的事情。

2. 都是我的错

说这句话会显得一个人非常讲义气，背了本来应该大家承担的责任。然而正是这种全扛式的承担错误反而只会让人陷入羞耻的境地，一个人全权承担责任，只会让同事和上司认为这个人是整个团队里最会扯后腿的人，只要有他在事情就不会办好。所以只有当事情真的全是一个人的过错时，才应该毫不迟疑地承担责任。

3. 这不公平

世界上的事情本来就没有绝对的公平，无论是对还是错，职场中也从来没有公平一说。不管用什么言辞来解释，对别人来说那都不过是别人耳中的抱怨而已。这时应该换一种策略，为自己想改变的事情找一些更为具体的方案，以事实为基础，而不是沉迷于发泄。

4. 这不是我分内的工作

职场本来就是一个需要相互协作的场所，工作中没有明确的界限，工作做完了，可能还会有额外的工作找上门来，如果一个人轻易将此话说出口，只会让其他同事、上司觉得这是一个不通情理、缺乏团队合作精神的人，那么下次遇到问题的时候也就没有人对他伸出援手。

另外，办公室的政治是非常复杂的。如果被卷入某些同事需要关起门来讨论的事情中，记住千万不要加入那些传播流言蜚语的行列。如果不希望自己的私事将来有朝一日可能会被人当众提及，就要管好自己的嘴巴，办公室不是一个人随意泄私愤的地方。

职场中有数不清的潜规则，谨言慎行就是其中很重要的一个，千万不要天真地以为承认了所有的错误即可得到上司的谅解和同事的感谢，职场是残酷的，感情用事最后吃亏的还是自己。

现在的职场竞争激烈，更加要豁达开朗、充满热情，善于与人沟通，愿意从心底信任和接纳别人，必须抛弃不健康的心理，把“心眼”彻底地“解放”出来。

在工作中应该全身心地投入，不过不要让自己的嘴巴在职场“随心所欲”，不要浪费自己宝贵的时间和精力去传播那些流言蜚语，只要踏踏实实地做好任何一件事情，自己的付出终会得到回报。

二、戴有色眼镜看人？办公室不分三六九等

蒋凡是个个性内向的人，他在一家具店里做销售员。在老板的眼里，蒋凡这个人跟其他同事比起来不够伶牙俐齿，显得很不起眼。

店长甚至有好几次和经理提议，说蒋凡不适合做销售。因为他不会夸大商品的优点，又不会利用消费者的心理促成产品的销售。经理也表示，可以再观察一段时间，如果还是不行就给蒋凡调换岗位。

在这之后没多久，有一位年轻的女士进店来想定做一套家具，由于她的要求比较苛刻，而且单子的数额也不大，所以其他的销售员都放弃了这个客户，反而只有蒋凡仍然在耐心地替她做介绍，并且细心地询问这位女士房子的户型大小，然后替她选择合适的颜色和款式。

蒋凡给了这位女士比较专业的建议，所以这位客户买到了性价比较高的家具，走的时候对蒋凡赞叹不已。

没想到几天以后，这位女士再次来到这里。这一次，她要定做的是大量酒店的家具。原来这位女士是一家酒店的采购员。自从上次来这里采购后她对蒋凡的专业和品位很欣赏，她认为这么一个小小的店员，都

能做到如此细致妥当，那么产品的质量也一定是上档次的。这件事情以后，公司为了奖励蒋凡，破格升任他做了副店长，店里的其他销售员再也不会质疑他的工作能力了。

要想在办公室的人际关系中如鱼得水，最主要的就是对待所有的同事都一视同仁，不要给他们划分三六九等区别对待。在工作中，每个人做着自己的分内之事，没有高低贵贱之分，也不要轻易给一个人的工作能力下判断，就像蒋凡，没有销售人员的能言善辩，但是却有顾客欣赏这种人，喜欢跟这种人打交道。所以不要轻易就否定一个人的能力。

1. 不要厚此薄彼

其实在职场中，也许有的人因为自己的能力或者机遇，更早地获得了领导的青睐，然而有的同事仍然默默无闻。所以在与同事相处时，千万不要因为某些同事暂时的得势就去阿谀奉承，也不要因为某些同事受到排挤就随之冷落。平等相待是做人的一种标准，同时也会为自己日后与同事友好的相处设下一些铺垫。

在职场中，一个人面对的不只是一个人而是一群人，所以需要处理的不是简单的“我和你”的关系。而是在这个许多人事掺杂其中的多角关系中，可以真正做到不偏不倚，一视同仁，只有这样才能在职场中少树敌。

“二人向隅，举座不饮”，这是一句古语，但是描述的这种现象在现实生活中却很常见。这种现象通常是因为有人招待不周，厚此薄彼，将一群平等的人划分了等级。

在办公室里，无论遇到什么样的同事，都应该做到平等对待，互学互助，在工作中建立一种和谐的关系。

2. 多向老同事学习经验

办公室中那些比自己来得早的同事，相对来说会比自己拥有更多的经验，所以有机会不妨聆听一下他们的见解，从他们的成败得失中寻找值得借鉴的地方，这样避免自己少走弯路，也会让老同事觉得自己是一个勤奋好学的人，并且对他们很尊重。

对待那些资历比自己年长，但是工作能力或者其他方面比自己弱一些的同事，更要用诚心去打动对方。那些自认为工作能力强，于是在办公室就自视清高，从来不给老同事面子的人，只会让老同事反感，结果到关键时刻没有人伸出援手帮助，所以要提前给自己做个铺垫。

3. 多指点新同事

一般新来的同事对周围的环境和工作都不熟悉，当然很希望可以得到大家的指点，但是往往心里胆怯，所以不好意思去向别人请教。这时候最好主动上去关心他们。在这个时候如果一个人能伸出援助之手，他们就会对此人铭记终生，从此打心眼里深深地感激这个人，并且在以后的工作中，只要他有需要一定会义不容辞。千万不要自以为是，而不把新同事放在眼里，在工作中忽视他们的意见，甚至训斥他们，这些态度都会深深地伤害到对方，自然也会降低自己在别人心目中的印象。

4. 发挥长处，关心理解同事

不得不承认，两性之间各有各的长处，男性相对来说比较有主意，可以承受更多艰苦劳累的工作，也可以更理性地分析并解决问题；而女性往往比较有耐心，做事通常细心而且有条理，善于安慰人。

尽管是在职场中，并不是在家里，但是每个人都会渴望得到他人的关心和理解，如果能发挥自己的长处，对异性同事给予更多的关心和帮助，对方也会打心眼里感激，将自己视为一个可以信赖的好同事。有时候帮助他人分担一些自己力所能及的事情，也会取得很好的效果。

我们在待人接物上，不要去在意对方的身份是否尊贵，也不要去歧视冷落那些地位低、而且较为自卑的人，只有这样才会让人感受到自己的诚挚和热情，从而在办公室中拥有一个好人缘。

三、不被风头浪尖打倒？功劳面前学说低头话

王巧在一家公司做策划，是一个很有才气的小姑娘，她对策划有着自己独特而不俗的理解，因此很受欢迎。前一段时间得了一次创意奖，为此她很兴奋，但过了一段时间，她就觉得不对劲了，因为最近她的上司常给自己脸色看，还处处为难自己，也不知道自己哪里得罪她了。

她把自己的苦恼向一个朋友说了，朋友在了解清楚她的情况以后，指出了原因。王巧得了创意奖，受到领导的表扬，并且夸她非常有做高级策划的潜力。问题是她并没有在现场感谢上司和同事们的协助，这自然让她的上司耿耿于怀。从此以后，她的上司便给她脸色看。

遗憾的是，王巧对朋友的分析不以为然，结果三个月后就因为待不下去而辞职了。

职场中不要以为自己立了功，就有了讨好上司的法宝和资本。立了功的确说明你是有才华、有智慧的，可是你绝对不能居功自傲，尤其在你的上司面前，更要看轻自己的功劳。

经常听到很多人在抱怨自己的领导无能，就算他们真的无能，也还是你的领导，除非你辞职不干，否则你就要承认他是你的上司，是红花，而你就是陪衬他的绿叶，功劳再大也要放低自己，在领导面前要学会说低头话。

居功自傲的另一个重大隐患就是功高震主，不要忘了在我们的上面还有上司存在，无论我们有多大的功劳，我们都还是他的下属。如果我

们因为功劳而不将上司放在眼里，那么很快我们就会被踢出局外。任何一个上司都不会容忍一个下属在自己的面前摆谱。

1．以谦虚的姿态示人

要低调地对待自己所获得的荣誉，首先应该以谦虚的姿态示人。人往往一有了荣耀就忘了我是谁地自我膨胀，这种心情是可以理解的，但旁人就遭殃了。他们要忍受你的嚣张气焰，却又不敢出声，因为你正在风头上；可是慢慢地他们会在工作上有意无意地抵制你，不与你合作，让你碰钉子。因此有了荣耀，更要谦虚；别人看到你的谦虚，会说“他还蛮客气的嘛”，当然就不会找你的麻烦，和你作对了。

2．要学会把自己的成功与他人分享

口头上的感谢是一种分享，这种分享可以无穷地扩大范围，反正“礼多人不怪”嘛。另外一种是实质上的分享，别人倒也不是非要分你一杯羹不可，但是你要主动地与他人分享，让他人有受尊重的感觉。如果你的荣耀事实上是众人鼎力协助完成的，那么你更不应该忘记这一点。“实质”的分享有很多种方式，小的荣耀请吃糖，大的荣耀请吃饭。分享了你的荣耀，受到你的尊重，大家今后的关系会更加融洽。

3．应该具有感恩之心

感谢同事的协作，尤其要感谢你的上司，感谢他的提拔、指导、授权。如果实际情况果真是如此，那么你的感谢就是应该的；如果同仁的协助有限，上司也不值得恭维，你也有必要感谢他们，这是一种礼貌，同时可以避免使你成为“靶子”。在日常生活中。我们经常可以看到一些颁奖典礼上，那些获奖人在上台领奖时都要感谢一大堆人，道理就在于此。这种“口惠而实不至”的感谢虽然缺乏“实质上的意义，但听到的人心里都会很愉快。

作为下属，一定要把荣耀的鲜花戴在上司的胸前，你付出了多少，上司心里自然清楚得很。你的感谢，意味着你对他的尊重。人性就是这么奇妙，如果你习惯独享荣耀，那么总有一天你会自讨苦吃、独吞苦果的。

“低头”做人，不是屈辱，不是怯弱，是一种本事、能耐，是一种人格自修，它是理性地处世的一种嬗变门道。聪明人在功劳面前要说低头话，不需要目空一切、自以为是、孤芳自赏、我行我素的“傲气”。

四、想要成为职场红人？先要读懂这些“潜台词”

最近，IT公司的新员工刘晓正为自己的“实诚”懊恼不已：“没想到在职场听话这么累，还要听出话外音，以后我可要多加小心。”

前段时间公司接了一个比较紧急的项目，为此全部员工周末都加班。项目结束后，刘晓认为可以休息了，便跑去问经理：“这周末可以休息吧？”“工作做好了，当然可以！”听了经理这话，他就心安理得地休息了，但是其他同事周末都加班了，就他一个人没来。

事后，有经验的前辈提醒他：“经理说工作做好了可以休息，话外音就是要加班啊！你怎么还真休息了。”

老板行踪不定，高高在上，一般员工能见老板的次数并不多，与老板的“情分”也相对较少。因此，老板的“话外音”是最具有职场属性的，多半会涉及加薪、升职、绩效考核、裁员等一些令人敏感的话题。而“话外音”的形式以试探、提问、激励的方式居多。所以，对老板的话是要格外小心的，不要被表面现象所迷惑，不经意的谈话可能就是对一个人工作的总结和对下一步工作重点的提示。

“话外音”，也就是“话里有话”，频繁地出现在日常生活中的各种场合。人们借“话外音”进行幽默调侃、讽刺发泄、批评鼓励、摸底打探……而作为日常生活的一部分，职场生活也必不能脱俗。

当然，作为一种人际沟通方式，“接收”话外音的重要性丝毫不逊于话外音的“制造”，尤其是在职场中。理由很简单，若一个人意会不出或意会错别人带有“话外音”的语言，轻则会把别人的鼓励当作批评，把别人的嘲讽当作“补药”；重则会把错的事情认为是对的，对的事情反认为是错的，从而直接影响这个人对事物或人的判断。这种情形特别容易出现在一些职场菜鸟的身上，据本次调查显示，仅有27.2%的职场新人认为自己完全能听懂出现在职场的“话外音”，余下的近73%职场新人经常对前辈们的“话外音”摸不着头脑。

职场的潜台词有很多，下面几种就是员工可能会碰到的。

潜台词一：当同事对你说“还可以”的时候，可能就是对你的否定

职场暗语不仅出现在上下级之间，同事之间的交流也流行“打暗语”。

李敬在一家公司市场部做企划，上周她终于做了一份自认为极富创意的企划案，在开会向领导汇报前热情地和同事做了交流。“看起来很有意思，或许你可以询问一下别人的看法。”比她早两年入职师兄的这句话，让李敬看到了希望，她又兴奋地去问别的同事，没想到，另一个人给出的也是同一句话，李敬读出的意思是，大家都对她予以肯定。

破解法：找真正和你交心的人交流

谁知等到领导来开会的时候，领导给出的却是质疑的目光和敷衍的笑容。她感到很困惑，找到其他部门一个交心的同事沟通，同事告诉她：“别人说这句话是不想打击你的积极性，你还真去挨个问别人的看法？”同事建议她考虑重新做一份企划案，而不是听别人的意见去与别人讨论，这只会让自己出丑。

有时同事之间的交流，碍于面子或同事关系的考量，同样会使用让人摸不着头脑的暗语。最好的办法，是

找真正能和自己交心的人去交流，或者向与自己无利益冲突的前辈讨教，低调行事，并与同行业的其他公司优秀者多沟通。

潜台词二：当上司在下不来台询问你的时候，读懂潜台词很重要

周刚跳槽到了一家餐饮公司担任市场部副经理，公司的老板很器重他。老板是一个平易近人的人，平时也喜欢与员工们打成一片，他对周刚的努力与成绩很是认可，多次在公司中公开表达对周刚的赞赏，这让他很有知恩图报之心。

在一次公司举办的全国性渠道商会议上，有渠道商向周刚的老板提出希望公司追加市场推广费用，加大电视广告宣传的投放，这样才能协助渠道商推进市场销售。老板听完此话静默了几秒钟说：“你的意见我赞同。加大市场投放是好事，但我们内部可能还要再探讨探讨。”接着，老板转头问周刚的意见。周刚当时就顺着经销商的意思将加大广告投放的好处介绍了一番。

破解法：识别暗语设身处地不可少

当他说完之后，下面不少经销商就附和起来，大声嚷嚷说今年市场不好做，如果公司不加大广告投放，他们就没办法完成销售任务。在经销商的压力之下，公司老板不得不当众许诺第一季度追加广告投放费用 100 万元。

经销商会议后，老板黑着脸将周刚训斥了半个多小时，说周刚没有听懂他的意思，反而逆他的意思。这时他才明白，刚才在大会上，老板所谓的“赞同”是虚话，他的真实意思却是反对。他是希望周刚能听懂他的“暗语”，替他出面回绝经销商这种不切实际的要求。

语言表述的真正意义除了看内容之外，与表述者所处的语境与角度同样密切相关。同样一句话，其实质的意义可能由于说话者所处的语境不同而有天壤之别。老板的立场，是安抚下属，争取最大的利益。设身处地考虑问题，就会少犯错误。

职场中老板上司的话我们一定要听明白了，不要把批评当作表扬，不要把不同意当作赞同，其实大多数情况下，听完老板的话之后都要思量一下，其中是否有其他的意思呢？多揣摩一下，总结规律经验，在职场中就会少走很多弯路。

五、异性同事如何处？亲密亦“有间”

我的大学同学杨洁说，最近她有一件很心烦的事情。就是跟一位异性同事李桐之间发生了一些矛盾，只要李桐出现在杨洁面前，她就觉得非常讨厌，她也曾经怀疑是不是自己与他相处的方式不对，会不会是太小心眼了，从而惹得他不高兴。

其实在杨洁刚进公司的时候，李桐就像个大哥哥一样，工作上只要有什么不懂的，李桐就会给她指出问题，并且提供给杨洁几个解决方案的思路，这种体贴和帮助曾经让杨洁对他非常感激。无论杨洁在生活中遇到什么困难，只要是李桐知道了，就会马上去嘘寒问暖，尤其在杨洁生病时他对杨洁更加呵护备至。

本来杨洁觉得在公司有个大哥哥照顾还是很开心的，可是后来李桐居然在公共场合就对杨洁做出一些只有恋人之间才会做的动作。办公室是个非常严肃的地方，同事们都看在眼里，嘴上虽然没有说过什么，可是暗地里都会笑说他俩是一对。杨洁很想大声表示抗议，可是又觉得李桐对她很好，这么一嚷嚷对李桐影响也不好。

杨洁以为这种情况是暂时的，时间久了就会过去的。但是最后杨洁实在受不了这样的煎熬，就跟李桐表明了她的态度。李桐说没有想到杨洁会这么说，这让他心里很不好受。

结果第二天上班以后李桐

就对杨洁完全变样了，不仅脸上冷冰冰的，就连说话的语气也是怪怪的。甚至见面的时候，李桐连跟杨洁打招呼都懒得打了。本来是很亲密的同事，最后闹得这么僵，杨洁心里也很不好受。

其实同事之间可以建立很亲密的合作关系，但是不一定非得发展成恋人，同事之间的相处方式可以有很多种，但是在与人交往时还是得讲究方式和方法，尊重别人的感受。

在如今的职场中，一个男人的办公桌对面或者装配生产线的另一端，一定会有一个和他一同工作的女人。

办公室中的职员不可能全部是男性或者女性。当然要排除极个别的例子，在大部分的办公室中，总会存在着阴阳和谐的问题。

可是千万不要小看这办公室里的异性关系。对于每一个办公室人员来说，这都是非常重要的，如果关系处理不好，往轻了说可能会败坏个人的名声、影响同事间的关系，往重处说，致使一个人身败名裂、妻离子散也有可能。

在一个办公室环境当中，如果跟异性同事的关系处理不当，不但会给个人带来不必要的麻烦，甚至还会给公司或者单位造成不好的影响。因此，要掌握一些在办公室中与异性相处的礼仪及原则是十分必要的。

1. 语言原则

异性之间在办公室谈话要注意分寸。有时候男性可能会私下冒出一些粗俗的话，有的人甚至会讲黄色笑话，但是这在办公室中是不被允许的，尤其是在有其他女同事在场的时候，这种行为会让女性感到被侵犯。

就算是男性想要恭维女性，也要避免用那些具有挑逗性的话语，避免使对方产生误会。

2. 衣着原则

办公室是一个严肃的地方，不是私人约会的场所，也不是家中居室，更不是一个要展现个性魅力的场所。如果男性把自己的衬衫敞开，甚至穿着短裤，那就是对在场女性的极度不尊重。女性更要注意自己的穿着，不要穿太张扬个性的衣服，比如身穿超短裙或者太露的衣服。

3. 动作原则

男性在办公室中千万不要当着女同事的面，把自己松了的皮带再扣紧，或者是把衬衣塞入裤子中，这都是会引起误会的举动，而且会让女性产生不愉快的感觉。

同样女性也不要做一些具有挑逗性意味的动作，尤其是体姿语。例如，在男性面前摆弄自己的头发，或者触摸男性的衣服和身体，用头发捶打男人的面颊等。尽管这可能是无意的，但结果是给对方发出性的信号，从而导致误会。

4. 交际原则

在办公室中与异性交往，如果谈得来可以多一些交流，但是最好不要把自己的私生活带入。特别是在婚姻上不如意，如果对异性同事有过多的倾诉，就会被对方认为你有移情别恋的想法。如果对方愿意成为自己的听众，不妨与对方讲一些生活中比较幸福的事，同时给对方传递一个对感情忠诚的印象。

就算一个人跟某一个异性同事在工作上默契十足，那也只是相对于工作而言，在生活中还是要保持一些距离，尤其是在办公室这样的公众场合，不要“亲密无间”。

距离，是一种物理现象，更是一种人际学问，它是办公中必须面对的问题。在小小的办公空间中，人来人往，身体的距离该如何掌握？和同事刻意保持距离，隔得远远的，会被别人认为太冷漠；太接近，则可能承担“性骚扰”的罪名。距离不只是物理问题，更是心理的、社会的、影响人与人之间互动的非常深远的问题。异性同事之间的距离，更是复杂又微妙的……

所以在工作场合中如何与异性同事相处，是一件值得职场白领认真思考的事情，工作就是工作，不要跟生活混为一谈，处理好关系才能在职场中步步高升。

六、想要挺得直，就得先弯腰

我大学时的学姐陈丽和宋露都被一家大公司聘用。两个人年龄相同，都毕业于同一所名牌大学。两个人工作能力也都非常强，只是其性格差异比较大。陈丽属于眼睛揉不得沙子的人，性格倔强；宋露的脾气比较温和。

两人都被分到公司的人力资源部工作，陈丽是人事助理，宋露是行政助理。她们的部门经理是个喜欢发号施令、偷懒耍滑的人，经常把她自己应该做的工作分派给这两个新人来做，而自己整天在办公室里躲清闲。这种不公平使得陈丽非常生气，于是常常以自己手中的工作忙为借口拒绝部门经理不公平的工作安排。

部门经理想让陈丽“臣服”，陈丽态度很强硬，就是不理睬部门经理的这一套。结果，两个人开始整天进行“修理”和“反修理”的斗争。部门经理时刻盯着陈丽的工作，专门找茬；陈丽边工作还得边想办法对付部门经理的“挑衅”，整天精神压力非常大，心情特别烦躁，感觉活得特别累。

宋露的态度和陈丽很不一样。对于部门经理多分派的工作，宋露总是尽力地干好。她在心里安慰自己：就当领导让自己多多锻炼业务的能力。对于部门经理的批评，宋露总是虚心接受。见宋露态度这么端正，部门经理自然很少批评宋露。

3个月的试用期很快过去，宋露顺利地被公司正式聘用；因为部门经理的阻挠，陈丽因为“工作能力不行”而遭遇淘汰。

其实陈丽和宋露相比，两人的工作能力都差不多，不同的是面对顶头上司刮来的“风”，陈丽是站直身、仰起头，与“上司之风”相对抗，结果消耗了很多的时间和精力，还是被“狂风”“刮”得疲惫不堪！

面对“上司之风”，宋露采取的是另外的应对措施，她迅速弯下腰，躲避开“疾风”，腾出时间和精力认真工作，“疾风”过后，她才会直起腰。宋露采取这种“宁弯不折”的对策，避免了时间和精力的白白消耗，取得了优异的职场业绩，不但在公司站稳脚，并且在短短的 1 年多时间内就被提拔为部门主管。

在职场中，尽力避免与同事特别是领导的冲突，学会弯腰，学会“宁弯不折”的职场智慧，就会发现减少了很多阻力。这种在职场中“弯腰”的行走姿势其实比那种直挺挺地“宁折不弯”的行走方式科学，自然速度也快了很多。

在职场中，一个脾气很大的人往往就好比是一个锥子，尖利的锥尖会伤到别人，因此别人总是会避开锥尖，以防被它所伤。这是一种本性，过于情绪化的人总是找不到真正的朋友、不能找到真正的合作伙伴，因此在职场中要学会隐藏自己的情绪。

1. 调整好自己的心态

在感觉自己的情绪快要爆发时，就应该调整好自己的心态，告诉自己，没有必要发脾气，发脾气是对自己的一种辱没。那些和蔼可亲的大人物就是心态非常好的人，即使面对别人的责骂和误解，他们还是以笑容来面对。

2. 控制自己的语言

对一个不善于控制自己情绪的人来说，控制自己的语言是一件刻不容缓的事情。不要把事情说得太绝对，要善于给自己留下后路；说话要注意委婉，避免直来直去，减少对对方的伤害；多多赞美对方的优点，同时多多批评自己的缺点。

3. 控制自己的动作

很多人发脾气时表现在动作上，比如说大手一挥、拍桌子、跺脚等，这样的动作会让对方感到愤怒恐惧，避之不及。因此在和对方交流的时候一定要控制好自己的动作，切不可因为动作而暴露出自己是一个不善于控制情绪的人。

在职场中，无论一个人多优秀，都要学会以服从为第一宗旨。因为职场中存在着各种规则与门道。有人曾把公司比作一个内部装载着无数齿轮的大转盘。随着各齿轮间的不断转动，为了不使自己受到伤害，必须要不断寻找合适安全的位置来规避风险。尤其是在由利益与权力组成的体系制度下，更要努力学会适应现状。

特别对于那些初入公司的年轻人，不要把现实的一切过于理想主义化。想当然认为努力就一定会取得相应的回报。要知道，“公平”从来都是相对而言的，世界上根本就不可能存在着绝对的公平。

许多不公平现象的发生也大多与企业的管理者、公司的文化制度等多方面因素有关。企业管理者在对某件事情发表意见之前，考虑的更多的是利益方面的因素。既然事情已经是板上钉钉无可更改的事实，除了面对、适应根本没有其他的解决方法。

首先，在遇到无法解决的问题的时候，我们应该及时与他人沟通。如与自己的领导、同事定期进行谈话沟通，告诉他们自己对这些问题的真实想法。不要将矛盾压抑在自己的心中，从而使问题根本无法得到妥善解决。

其次，我们应该学会对自己的内心进行疏导调节。因为我们并不是公司的决策者，很多事情并不是我们可以主导控制的。所以，面对已经成立的事实，我们只能摆正自己的心态，学会顺其自然。

不要将自己禁锢在某一思想情绪之中，要学会坦然接受任何结果。一味地怨天尤人并不能使事情得到根本的改变，所以只要做了自己应尽的义务职责，就不要再去考虑会有什么其他后果。要学会保持一种宽容向上的积极态度，这样有助于日后工作的开展。

最后，平常要注意自信心方面的训练，我们大多数人都存在着某些心理问题，其核心是缺乏内在自信与行为的准则。所以，有时会不好意思拒绝他人或提出不同的建议。其实，我们每个人都有权根据我们内心所想的去进行判断，从而保护我们自身的正当权益。其中也包括适时回绝他人的权利。我们应该学会在职场中保护自己不受伤害，积极乐观地去面对工作中的挫折与挑战。

作为一名普通职员，若想改善自己的待遇处境，唯一能做的就是尽量向更高的职位去发展奋斗，职位越高，所受到的不公平待遇就会越少。所以从现在开始，不要再不停抱怨自己的待遇不好、环境太差，这些抱怨并不会解决实质性的问题。

充分利用自己的每一分钟，多做一些脚踏实地的事情，多争取展示自己的机会。将自己放到更大的舞台上，去发挥自己的能量。只有这样，才能始终处于有利地位，才能在竞争激烈的环境中主宰自己的命运。

七、费力不讨好？把握好分寸到位不越位

石京是个性格爽朗的女白领，做什么事都冲在最前头，总是一副风风火火的样子。工作积极自然是好事，刚开始还经常得到上司的表扬，但是时间一长，上司却非常不满意。为什么呢？

首先，是陪客户吃饭。石京每次都能成为中心人物，见面先跟客户打招呼的是她，喝酒最先提议举杯的也是她，上司反倒被晾到一边，新客户往往以为她是主管。有同事提醒她，她还满不在乎地说：“我不是怕冷场吗？”

其次，就是开会。每次经理召开会议，她常常在上司还没表态时就抢

先发言，虽然她说的跟上司要说的没有什么区别，也没有违背部门的利益，但她的做法无疑是在经理面前抢了上司的风头，上司心里当然不高兴。

石京工作能力很强，最近上司被暂时调到上海筹建办事处，需要提拔一个临时主管，大家都认为非石京莫属，可是最终却由另一个部门代管。原来主管是怕石京抢了自己的位子，硬把她给顶了下去。

职场中，我们经常可以听到有人抱怨自己好心没好报，替别人忙活了半天，人家还不领情。其实，这些烦恼很多是由于我们自己没有把握好分寸，越俎代庖，超出本分所致。

越位是职场大忌，一个成熟的"职场好人"既要表现出对工作的积极热情，又要懂得恪守"本分"，不要给人以僭越之嫌，最重要的是要明确定位，对自己的职责范围心中有数。

有些人士越位是因为性格，热情、好张罗事儿；有些人是出于工作责任心，在紧要关头勇于承担重任，使劲往前冲；还有些人自认为上司不如自己能力强，急于在更高级别的领导面前表现自己，以此谋求提升的机会。

无论出于什么原因，越位都是非常不好的行为。如果你的上司心怀宽广，可能会包容你，甚至赏识你，可这完全是可遇而不可求的；如果上司心胸狭隘，就会被他拉进黑名单，对你多加提防。

许多人初到新单位会急于做出一些成绩来，不想放过任何一个能够表现自己才干的机会。其实，这样做往往会欲速则不达。在自己的岗位上诚诚恳恳地做好本职工作，是谋求更好发展机会的基础。

因此，职场人士应该注意以下几个问题：

1. 守位不越位

一定要做好自己的本职工作，将自己分内的工作做到位。如果事情超出了自己的职权范围，需要仔细考虑，在征得相关人同意的情况下再去做。

2. 献策不决策

对于并非本职工作但又属于单位或部门中大家关注的事情，有想法可以表达出来，献计献策，这并不越位。但不属于被授权决定的事情不要去大包大揽或擅做表态，更不要越权拍板决定。

3. 补台不抢台

无论是餐桌上还是谈判桌上，都不要抢上司的话，更不能抢上司的风头。但当上司需要人补台的时候，可以及时地提示上司或帮上司说出来。这样非但不会被看作越位，反倒会因为替上司化解尴尬而得到赏识。

八、如何向上司汇报工作？有礼有节、循序渐进

唐宇是一家公司的老板，他手下有两个助手，吴刚和钟强。二人同时进了唐宇的公司，分管不同的业务。他们的工作能力都很强，也都很敬业，但是半年后，老板找吴刚的时间越来越多，找钟强的时间越来越少，特别是重要的工作，几乎都找吴刚商量并执行。钟强心里很不是滋味，就找他们办公室的王主任诉苦。

王主任告诉钟强，“其实老板对你们俩都很器重。你们的能力不相上下、各有千秋。但是有一点，你比不上吴刚的，就是工作方式。”

看着钟强迷惑的目光，王主任说：“每次老板给吴刚任务，吴刚也和你一样认真，但是他一完成任务就立即向老板汇报情况。对于重要的工作，他每完成一步，都要向老板汇报工作的进展情况，哪怕是简单的几句话，而你每次都是等着老板来追问你情况时你才会说。老板负责全公司工作，千头万绪，如果大家都等着老板问时才汇报，他还怎么开展工作呀？你设身处地地想一想，就不难明白老板为什么爱找吴刚，而不常找你商量事情的原因。其实很简单，吴刚是主动工作，你是被动工作。两种方

式，但效果可大不一样哟。”

钟强这才恍然大悟，从此以后他处处小心地改正自己的不足，凡事主动请缨、主动汇报，渐渐重新获得了老板的器重。

其实，及时、主动地向老板汇报工作的进展也能帮助工作的完成。或许很多时候一个人确实有所成就，只是不愿意时时向老板汇报，但大部分时候往往是一个人工作遇到了障碍，没办法突破。这时候，如果职员能向老板及时地汇报工作进展，可能老板会给职员一些建议和帮助，这或许能够为职员的工作打破僵局，使职员的工作变得顺利。

时时主动地向老板汇报工作不仅能让老板及时了解职员的工作进展，同样也体现了职员的一种工作态度。这样做会让老板觉得职员尽职尽责，工作认真，职员留在老板心中的印象自然会影响到以后的前途和发展。

向领导汇报的工作，应该是身处职场之人的日常工作内容。在汇报工作的时候，如果想要让上司认同自己的工作，并且对自己有一个好印象，那么就更应该讲究汇报工作时的礼仪。

只有明白职场中的礼节，知道什么是职场中的禁忌，什么该说，什么不该说，什么该做，什么不该做，并且可以做到恰到好处，你才能充分体现出在职场中的无穷魅力。

1. 要有极强的时间观念

一个优雅的职场人士在做事情的时候应该不拖沓并且有极强的恪守时间的观念。在向上司汇报工作的时候，不要过早抵达，也不要迟到，让上级等候过久。如果过早汇报给上司会因为准备不充分而显得尴尬；超过预定时间汇报，会让领导久等而显得失礼。

因此，即使万一有事不能及时赴约，也要尽可能有礼貌地告知领导，并以适当方式表示歉意，这也是职场人最基本的礼节之一。

2. 敲门要轻声点，容许后再进入

“大大咧咧，破门穿堂”这实在不是一个有教养、有风度的人该做的事情。知礼节的人即使在门开着的情况下，也要用适当的方式告诉上级有人来了，以便上级及时调整体态、心理。汇报的时候，要注意仪表、姿态，站有站相，坐有坐相，文雅大方，彬彬有礼。

3. 汇报工作，“语言”是关键

向领导汇报工作的最终目的是要领导了解自己汇报的内容。因此，一定要让领导清楚自己讲的每句话。对一些次要问题，可以说得快一些，对一些重要问题，语速要放慢些，还要适时进行重复，以便让领导记录和领会自己的意思。

注意整个汇报速度不宜太慢，因为这容易让对方精力分散而忽略了某些细节问题。同时，汇报工作时还要把握好音量。音量太大，会缺乏交流思想的气氛；音量太小，则容易使人认为汇报者心里恐惧，缺乏自信，这样会直接影响汇报的说服力。

4. 实事求是，且要掌握好时间

在向领导汇报工作时，一定要丢掉那些“浮”和“假”，有什么就汇报什么，如实地反映实际情况，不要进行粉饰和加工。对于自己的本职工作，该报喜就报喜，该报忧就报忧。

时间观念是一个很重要的因素，我们在做任何事情时都要有一个时间的把握，尤其是汇报时间，不宜时间太长。因为领导大都工作很忙，时间有限，所以汇报要尽可能简短，最好限定在半小时内，这样也会让领导认为汇报者是一个有礼貌的人。

九、薪水怎么谈？开门见山不遮掩

我有两个同学，一个叫刘菲，一个叫李佳，她们都想要求老板给涨工资，但是她们采用的却是不同的做法。刘菲是一个公司的中层员工，她居然要求领导将她降级，因为目前工作量极大，已经承受不了了，所以她就申请做比较普通的职位。她的领导考虑了一下，很爽快地回复：加高薪。这是一个聪明但是有点危险的角力过程。刘菲最终得利是因为时机挑选得当，因为公司当时确实需要她，而且跟她业务范围相同人的能力都不如她，而这个职位又是新手做不来的，领导权衡之下才会选择给她加薪。

然而李佳想要老板给她加薪，给出的理由是工作环境太差，其他部门不配合，最终导致她身上压的工作量无形增多，所以需要高薪来平衡。结果可想而知，没有哪个老板在下属批评了公司的环境，听了下属一大通抱怨之后，还能心甘情愿地给他加薪。

所以如果想要获得高工资就得动脑筋，只是一味地硬碰硬，反而得不到自己想要的结果。

大多数人觉得想要在职场中混，跟老板谈底薪、提成都是大禁忌。

其实并非如此，**谈薪水并不是职场的禁忌，但是如果毫无技巧、不合时宜地谈薪水，那么绝对会让职场人陷入死穴。**

所有的职场人士心里都明白，任何一个老板都不会自觉自愿地去给下属涨工资，下属总是觉得自己拿得太少了，然而老板永远只会觉得“给得太多”。其次，不管一个人是玩暗的还是玩明的，如果用跳槽这件事情来威胁老板给自己加薪那么只能说明这个人是一个蠢员工，这个公司离开任何一个人都会照常运转，可能老板暂时答应了其请求涨工资，可是接下来就会找人来替代这个人的位置，然后找一天打个措手不及。一个聪明的员工在想要谈薪水之前，必须要明白自己的心理底线。而且要学会换位思考，想想老板是怎么考虑问题的，这样才可以让自己在谈薪水时占据上风。

员工谈薪水时有5个最容易犯的错误，在谈薪水的时候要尽量避免。

假如一个人把跟老板谈工资看作是一场战争，那么对于这个人来说，这场谈判之前的准备无异于一场战前准备。不管一个人是要探取情报还是要进行心理建设都要提前备战。不然，方式不当地谈薪水，很容易把结果引向死路。

1. 毫无准备，被一招毙命

因为攀比心态的趋势而要求老板加薪，一般都是在冲动的时候做出的决定。例如，年底一个人听说别人的奖金比自己多很多，或者进了新公司发现同事的薪水居然比自己高，于是一时冲动就决定找老板加薪。但是如果公司采取的是薪酬保密制，那么老板只需一句“没这回事儿”就可以把一个人打发掉。

所以在跟老板谈薪水之前，最好先想好提出加薪的原因、自身条件等，不要毫无准备。因为一旦一招毙命以后，将失去再次谈判的机会。

2. 得到薪水，失去机会

在职场中，大家无非是想要得到两种东西：金钱和机会。但是不要采取那种“涸泽而渔”的方式来要求加薪，因为这往往会断送一个人的前程。假如一个人所在的公司正在起步阶段，而且这个人确实是不可多得的人才，那么老板对这个人的加薪要求就不得不从。可是，这个人可能从此以后就失去了老板的信任，深造、晋升的机会也再与这个人无缘。

3. 无法达到许诺的业绩，丧失谈判资本

首先要明白自己有什么价值，如果一个人承诺了与薪水涨幅相匹配的业绩增长，而老板答应了这个人的要求。这时候下属就要注意，如果下属达不到许诺的业绩，那么，他失去的不仅仅是加薪的权利，以后在这个公司的发言权都会被掠夺，大家会认为他是个言而无信的人。

4. 枪打出头鸟，被当冤大头

有些人心智太单纯，一听到别人抱怨“薪水低”，就觉得自己的应该也不高，于是就决定找老板谈判；有些人本着大义凛然的责任感，就准备为大家请命提出加薪。如果没有想好正当的理由，就算是取得了大家的支持，那也只是一时的冲动，最后这个人会发现，不管大家的薪水涨还是不涨，自己都会成为那只被打落的鸟。

5. 谈崩了，离职事小，名声事大

如果一个人用辞职或者消极怠工的方式来要求老板涨薪水，绝对是把自己赶入了一个死胡同。即便是因为这个人的重要性，老板会一时容忍他、满足他，但是最后这个人被辞掉也是不争的事实。并且，这个人的口碑在这整个行业中很快就会变差，他的老板就会“善意”地告诉其下一个东家，这只是一个只重薪水、缺乏责任感的员工。

所以，要求加薪本来没有错，但是要选择一个合适的时机和场合。

那么如何挑选一个适合的时机呢？时机要素主要包括:公司近期盈利是否良好，公司目前是否迫切需要此人，此人有能力创造更多的价值，甚至需要考虑，今天老板的心情比较好。

让老板看到自己的想法、创造力和行动力，然后为获得高薪增加筹码。即使目前未能有自己希望的回复，也可以适当地表示，自己愿意承担更多的工作，或为自己寻找可突破的空间和负责项目。这样老板至少会在未来榜单里加上自己，为日后加薪打好基础。

要求加薪的时候不要说抱怨的话，否则一个人的要求理由再充分，印象分也已经拉了后腿。要知道，想要老板心甘情愿给下属涨薪的理由只能是：此员工可以为公司创造比薪水更多的价值。而员工的工作苦不苦，同事是否比他拿得多，打这些同情牌在老板那里都是不管用的。

第七章

CHAPTER 07

电话实战：听得到的温度，有礼才会有人理

虽然电话实战“只闻其声，不见其人”，但不要小看一根小小的电话线，一个人的仪容仪表都会通过它传递给对方。如何在电话交流中体现出自身的礼仪与魅力也是一件值得花心思的事情。

一、不懂职场手机礼仪？你就 OUT 了

同事王强刚进公司不久，但每次接电话时声音都特别大，毫不在乎其他同事的感受。

有的同事正在考虑策划案，有的正在和客户通电话，他这样大声地接电话严重影响他人的工作，没几天就招来同事们的不满和抱怨。王强的这种行为给同事们留下的印象就是心中不考虑他人，不顾虑他人的感受。

现在手机已经成为许多人必不可少的工具，走到哪里带到哪里。在公车上、饭局中、走路时，人们渐渐成为“低头族”“手机党”。但埃塞克斯大学研究表明，随时随地使用手机会伤害我们与他人的关系，只要你拿着手机近在眼前，即使没在查看也会对你的人际关系有所伤害。

那么，我们在职场上应该注意哪些手机礼仪呢？

1. 手机的放置

在公共场合中，如果手机暂时不需要使用，要放在合乎礼仪的常规位置，不要将没有使用的手机拿在手里或者挂在上衣口袋外。放置手机的常规位置有：一是随身携带的公文包里，这是最正规的位置；二是上衣的内袋里。

有时也可以将手机放在不起眼的地方，如手边、背后，但不要放在桌子上，特别是不要对着正在聊天的客户。女士要特别注意，手机再好看、再精致也别挂在脖子上。

2. 使用手机要注意场合

职场人士在使用手机时也要注意下一场合，比如在会场、办公室这些场合一般不适合使用手机。

在一些正式的场合，尽量不要使用手机，如果必须要用也要将声音放小，以免影响到他人。

3. 必要时要关掉手机

前几天，我和同事荣景一起去给客户汇报策划方案，当天参加会议的有不少领导，还有其他公司职员，会议室里非常拥挤。

天气有些热，荣景进入会议室就把外衣放在门口的衣架上，没想到这却出了问题。会议进行到一半儿时，突然响起电话铃声，荣景意识到这是自己的手机。会议室人太多，外套离得太远，手机一直响个不停，如果去拿手机势必要许多人起身，会场秩序一时间有些乱，对方领导非常不满，我们也非常尴尬。

参加会议或与他人洽谈时，最好能够将手机关掉，或者调成静音状态，这样不仅不会打断正在进行的事情，更是对他人的一种尊敬。如果事情正在紧要关头，一通电话进来，交易有可能也就失败了。

4. 打电话前要考虑对方是否方便

给他人打电话时，如果对方是身居要职的忙人，一定要考虑这个时间对方是否方便接电话，并且要做好对方不方便接听电话的准备。

我们在和他人通话时，要注意从听到的回音来辨别对方所处的环境。如果能够听到噪音，对方可能在室外；如果比较安静，对方可能在会议室里。

对手机中的声音有了初步的鉴别，对都能顺利交流也就有了准备。但是不管对方处在什么样的环境中，通话能否继续还是应该由对方决定，所以电话接通后还是要礼貌地问一句“现在方便通话吗”。

5. 不要对着手机叫喊

在使用座机时，我们说话的声音会被听筒放大后送到你的耳边，听到的是我们真实的音量。但是使用手机时，没有放大到耳机，我们听到的只是嘴里传来的音量。

许多人根本不知道自己使用手机时，说话有多大声，所以一定要避免对着手机喊叫。

二、电话可以随意打？不见面礼仪更不可少

我的高中同学焦丽因为头脑灵活、口齿清晰，所以大学毕业以后就选择电话营销的工作。她在这行做得风生水起，没多长时间就晋升了主管。一次聚会的时候我就问她：“电话营销很好做吗？听很多人说经常被人拒绝，为什么你做得这么成功呢？”

焦丽哈哈一笑说：“每一行都不容易，都要付出一定的艰辛，刚开始的时候我也是摸不着头脑，后来才琢磨出只要抓住顾客的心理，跟顾客搞好关系，其实这行并不难。”

我继续问：“那你找到什么窍门了吗？”

焦丽说：“其实算不上什么窍门，只是我对打电话这件事情没有像别人那样看得比较轻，而是把每一次跟别人的通电话都看成是一次面谈，就算对方看不到我的表情，我也要尽量表现出对对方的尊重，而且电话销售特别多，如果想要做到与众不同就得学会在电话中打造自己的口头禅，比如我在给客户第一次打电话的时候会说‘王总，现在忙不忙啊，不忙的话打扰您一会儿？’对于第二次打电话的时候就会语气稍微装熟一点儿，‘王总啊，我是给您打过电话的小焦，上次您不方便，这次就让我再给您详细介绍一下……’其实只要你给顾客留下了一次印象，并且没有让对方反感，那么成交的机会就很大。”

就像焦丽说的，很多人都会认为在电话中，对方感觉不到一个人的

形象，所以就能随随便便。但这种观点是错误的，因为在电话中有一个人的隐形“仪容”，这种“仪容”也能让对方感受到。

1. 亲切、动听的语调

当一个人在给一个公司打电话的时候，如果一接通就听见对方亲切、动听的招呼声，那么他的心里一定会很愉快，接下来的谈话也可以顺利展开。只要一个人在电话中稍微注意一下自己的行为就会给对方留下完全不同的印象。所以在代表公司给别人拨打电话的时候要谨记自己代表的是公司的形象，时刻注意自己在电话中的语调。

2. 保持愉快的心情

即使在打电话的时候对方看不到自己的表情，但也可以从欢快的语调中被自己感染，从而给对方留下一个好印象。因为一个人的面部表情会直接影响声音的变化，所以在电话中也要抱着“对方看着”的心态去应对。

3. 保持坐姿端正

在给他人打电话的时候不要吸烟、喝茶、吃零食，即使是一种懒散的姿势对方也可以“听”出来。如果在打电话的时候，弯着腰躺在椅子上，对方听声音也就是懒散的；如果坐姿端正，对方听声音是充满活力的，所以在给他人打电话的时候即使看不见对方，也要保持坐姿的端正。

4. 做好电话记录的 5 个“W”

所谓的 5W 是指：When 何时、Who 何人、Where 何地、What 何事、Why 为什么。在工作中这些资料都是十分重要的，对打电话、接电话都具有相同的重要性，所以电话记录想要简洁和完备离不开这 5 项。

一般来说上班时间打来的电话几乎都与工作有关，每个电话都十分重要，不要敷衍对方，即使对方找的人不在，也不要只说一句“不在”就挂断，尽可能问清事由，避免误事。

要结束谈话时最好是由对方提出，然后彼此客气地道别，说一声“再见”再挂断电话，不可以只管自己讲完就挂断电话。

三、不落话柄涨人气？禁用办公电话理私事

设计部的孙浩是一个心直口快的小伙子，有一次我们在一起闲聊时，他就直言说对女同事徐帆很不理解："我非常奇怪，她为什么有那么多的话要聊！"

"徐帆这个人基本可以让一部办公电话永远处于占线状态。她的闺蜜好像特别多，异性朋友貌似也不少。她每天工作不忙，在办公室除了接这些朋友的电话，就是打这些朋友的电话。每次一接通，她就会把头贴近桌子，用手捂着话筒和嘴巴，一直煲电话粥。领导进来，她会第一时间非常警觉地挂断电话。领导走开，她再重拨过去……"

孙浩说，因为他的办公桌离徐帆很近，因此徐帆的窃窃私语都在他耳边徘徊。"我们的工作是需要静下心来做的，每次她煲电话粥，我都觉得很吵，忍无可忍，我觉得自己心理快不健康了。就像你同屋的人睡觉打鼾，你越是关注这个鼾声，你就越无法入睡，直到忍无可忍。她每天从早到晚打电话聊天，我几乎无法工作。"

后来发生了一件事情，让孙浩的处境稍微好了些。"因为她成天煲电话粥，她的话费惊人，公司找到她，对她提出了批评。"之后很长一段时间，她打电话的时间骤减。孙浩觉得，问题应该算是解决了。

然而好景不长，"她现在改成用自己的手机。好像是办了一个亲情套餐，跟她那些亲戚好友全部联网，一个月固定费用随便打。"从此，孙浩又回到那种一整天都在窃窃私语的环境中。"其实，从人道主义的角度来讲，我觉得应该提醒她。因为手机辐射对人体有影响，她打电话一打就是一两个小时，我每次看到她这么打电话，我的脑海中都会浮现出她把头伸进微波炉里，然后自己拧开开关的画面。"孙浩苦笑着摇头。

“在办公室煲电话粥绝对是不合适的。因为这已经不再是你自己的私事，这会严重地影响整个办公室的氛围，降低工作效率，让周围的人不舒服。”最后，孙浩一脸困惑地反问：“我都快搞不清楚了，到底是她该去看看心理医生，还是我被折磨得该去看？或者两者都该去看？”

听完孙浩的抱怨，我只能表示同情地一笑。因为面对徐帆这种人只能是敬而远之。如果去跟领导反映，那么孙浩就会成为徐帆的第一怀疑对象，就会破坏同事之间的友谊。所以如果实在忍无可忍可以跟徐帆委婉地表达一下自己的不满，让对方注意一点不要打扰到别人。

虽然说在工作时间不应该处理私人电话，但是完全限制也是不可能的。

因此，对于上班时间的私人电话，老板也是没有办法完全限制员工的自由，还是得靠员工自觉。有些人在工作中确实不那么自觉，他们不断有私人电话打到单位里来，而且一聊就是半天，把工作搁在一边儿。

老板跟下属的关系是工作关系，那么单位也自然就是工作场所，私人电话照理不应该上班时间打过来。如果有急事，最好在休息时间打。这一点应该跟自己的亲朋好友说清楚，如果有人在非休息时间打进来最好三言两语结束谈话以免影响到其他同事。

要明白不把工作放在首要位置的人，公司老板也不会把这个人放在首位。

上班时间打电话让老板不高兴的原因不是员工占用了工作时间，而是打电话以后会影响工作的心情，不管电话中给人传递的信息是痛苦的还是高兴的，它们都会影响一个人的工作情绪。

有没有想过，如果在工作时间内，一个人发了 10 条短信，那么这个人一天的工作效率就会下降很多，整天都是心事重重的。

如果一个人想在所在的公司有所晋升，那么就不要因为私事干预到正常的工作，因为上班时间内的一分一秒都必须要为工作所用，这也正是一个人尊重公司规章制度的体现。

其实有些时候我们自身也会觉得身不由己，朋友把电话打到办公室里谈论私事，虽然自己一直想要早点挂断电话，对方却唠唠叨叨地说个没完。遇到这种情况可以这样处理："对不起，我现在要去开会了，有事下次再说吧！""对不起，我现在正好有客人来访，一会儿再回你电话。"这时说个谎也是无伤大雅的。因为在办公时间里，抱着电话谈私事本来就是办公室的禁忌。

假如说一个人经常在办公时间处理私人事务，老板就会怀疑这个人对公司的忠诚度。因为公司是讲求效益的地方，任何人的行为都必须从如何为公司创造效益来出发。工作时处理私人事务，无疑是在浪费公司的资源和时间。

一位老板曾经这样评价当着他的面打私人电话的员工："我想，他经常这样做，应该是没有意识到这有悖于职业道德。"

还有一位老板说："我不喜欢看见报纸、杂志和闲书在工作时间出现在员工的办公桌上，我认为这样做表明他并不把公司的事情当回事，他只是在混日子。"对老板来说，在工作时间内处理私人事务，很大程度上反映出员工工作的心态。

有些老板通常把私人事务的多少当作一位员工是否积极上进、安心本职工作的考核标准。因此，切记公私不分，工作时间处理私人事务，既影响自己的工作质量，也直接影响自己在老板心目中的形象。

四、接听电话拉长线？回答必须简洁、具体

原来我在一家台资企业做销售，公司虽然不大，但老板的规矩有很多，大到接待客户的规格小到打印传真要如何节省纸张

等，各方面都规定得很“死”、很细。而且我们老板还规定，在同事不在的情况下必须帮忙代接电话。

有一次有个同事出去办事，但是他的电话响了好久，于是我就接起电话，是那位同事的妈妈打来的，听说我跟她儿子是同事，于是就开始向我询问她儿子在工作中的表现怎么样，以及公司有没有合适的姑娘帮她儿子撮合一下，这一说就说了半个小时。

恰好就被正在隔壁办公的老板听见了，于是我就被老板叫到办公室，老板说：“以后帮同事代接电话的时候，一定要在电话响三声之前接，否则会给客户及潜在客户留下效率低下的印象。但是如果是亲戚朋友打来的电话，就要尽量简短地结束，不要长篇大论影响工作。”

职场人士代接电话的事情经常会发生，其实代接电话，一样有代接的礼仪，如果被找的人就在旁边，那么应该告诉来电者：“请稍候。”然后立即转交电话，千万不要先对对方进行一番调查；假如被找的人不在，那么在刚开始接电话的时候就告知对方，然后表示自己可以“代为转告”，切勿本末倒置：像查户口一样问清楚，再说人家不在。

就算是好意代为转告，也要注意方式，征求来电者的意见，看人家是否愿意自己代为转告，毕竟自己不是当事人，来电者的要求自己处理不了。

在职场中事事都要讲究礼仪，接听电话也不例外，千万不可以太随便，得讲究必要的礼仪和一定的技巧，这样避免产生误会。不管是打电话还是接电话，我们都要做到语调热情、大方自然、声量适中、表达清楚、简明扼要、文明礼貌。在代接电话的时候应该遵守下面几个原则。

1. 及时接听电话

在办公室里，一般在电话铃响 3 遍之前就应该接听，3 遍之后接起电话的时候就应该道歉：“不好意思，让您久等了。”如果接电话的人正在做一件非常要紧的事情不能及时接听，代接的人应该选择一个妥当的理由替对方遮掩一下。

如果说既不能及时接电话，接了以后又不道歉，甚至表现出不耐烦的语气，那就是极不礼貌的行为。只有尽快接听电话才会给对方留下好印象，让对方感觉到被尊重。

2. 确认对方的身份

在接听电话的时候，对方一般都会主动做自我介绍。如果忘记做介绍或者自己没有听清楚，就应该主动问："请问您是哪位？我能为您做什么？您找哪位？"人们在接电话的一般做法，就是拿起电话听筒就开始问："喂！哪位？"这样的话让对方听起来陌生而且有种疏远的感觉。

因此，在接到对方打来的电话时，应该拿起听筒首先做自我介绍："你好！我是某某某。"如果对方找的人在旁边应该说："请稍等。"然后用手掩住话筒，轻声招呼同事来接电话。如果对方找的人不在，应该告诉对方，并且问："需要留言吗？我一定会转告！"

3. 讲究接电话的艺术

在接听电话的时候，应该注意使嘴和话筒保持 4 厘米左右的距离；要把耳朵贴近话筒，这样可以清晰地倾听对方的话。最后，应该让对方自己提出结束谈话，然后再轻轻把话筒放好。不可"啪——"地一下扔回原处，这极不礼貌，最好是在对方之后挂断电话。

4. 调整心态

当拿起电话听筒的时候，一定要面带笑容。不要以为笑容只能表现在脸上，它也会藏在声音里。亲切、温和的声音会给对方留下良好的印象。如果绷着脸，声音就会变得冷冰冰。接电话的

时候不能叼着香烟、嚼着口香糖；说话时，声音不宜过大或过小，应该吐词清晰，保证对方能听明白。

5. 接电话的方式

在接电话的时候要用左手接听电话，右手边准备纸笔，便于随时记录有用信息。

五、怎么说别人不反感？电话营销话术

孙亚是一家通信公司的电话营销代表，她每天主要的工作就是通过电话销售CDMA手机。有一次，她拨通了一家企业老总的电话，在开始通话时，对方并没有意愿购买CDMA手机，但是在后面的通话中，孙亚真诚地赞美了对方的声音，顿时局面发生了变化，气氛一下子变得很友好，签单也就顺理成章了。

下面是他们当时的对话。

孙亚："您好，请问是蒋先生吗？"

客户："我就是，请问你是？"

孙亚："我叫孙亚，是××通信公司的，您叫我小孙就行了。"

客户："你有什么事吗？"

孙亚："蒋先生，我有个问题想请教您一下。"

客户："什么问题？"

孙亚："现在大家都在谈论手机辐射这个话题，您是怎么看待这个问题的呢？"

客户："你究竟想说什么，我现在很忙，没有时间回答问题。"

孙亚："没有关系。听蒋先生说话，您以前是做播音工作的吗？"

客户："为什么这么说呢？"

孙亚："您的声音很有磁性，而且发音非常标准，就连生气时说话

让人听起来都很舒服。”

客户：“哈哈！有你这么说话的吗？”

孙亚：“听您的声音，应该不到40岁吧？”

客户：“你说什么？我都快60岁了，有那么年轻就好了。”

孙亚：“您说什么？您快60岁了，真不敢相信，那您真会保养，声音听起来这么年轻。”

客户：“没有骗你啦，小鬼，你前面要问我什么来着？”

孙亚：“直说吧，我也是为您的健康着想，给您推荐一款没有辐射的绿色手机。”

客户：“请详细地说一说。”

孙亚：“……”

接下来孙亚顺理成章地签成一单。其实并不是孙亚的专业能力有多么突出，向对方论述了自己所推销的产品有多么大的好处。只是因为孙亚抓住了人们都喜欢被赞美的心理，让对方的虚荣心得到了满足。所以电话营销需要的就是耐心，跟客户耐心地进行探讨，直到对方对自己的产品产生兴趣。

刚刚接触电话营销的人，都会有摸不着头脑的痛苦，现在就来介绍一下，电话营销如何说才能打动人，才能促成销售的完成。

1. 说好第一句话，建立初步的信任

试想一下假如一个人接到了一个陌生人的电话，心中是不是会有这几个疑问。

“你是谁？”

“你怎么知道我的信息？”

“你找我有什么事？”

“这个事情对我有什么好处？”所以，开场白是电话营销的重中之重。

既然知道客户心中的这些疑虑，那么一个人的开场白就是要解决这些问题，只有让客户对自己放心，双方才有继续谈下去的可能。其中，第一句话就非常重要。首先要让客户明白自己是如何知道他的。比如，保险公司和银行信用卡部门合作，第一句话通常说的是：“您好，请问是陈先生吗？我是招商银行客户服务中心的坐席代表，现在您有时间吗，想和您做个回访。”因为对方是招商银行的信用卡用户，所以就有了对话继续的可能性。

在这个对话中，保险公司的成功就是因为套用数据库来源之一的招商银行的良好信誉。如果一个人没有任何可合作的、具有良好信誉度的数据库，最简单的方法就是直接以客户的联系信息问候他。

例如，我曾接到一个百度的电话销售向我销售百度的竞价排名服务。她的开场白是这样的。

“请问，您是××咨询的陈老师吗？”

“我是，你是哪位？”

“陈老师，我叫刘霞。我是在网络上看到您写的一篇文章后才知道您的联系方式的。陈老师现在讲话方便吗？”

“哦，是这样啊。你有什么事情吗？”

以客户的联系信息问候，不管她后面怎么说，都应该说她的开场白是成功的。

2. 不要给客户拒绝你的机会

很多没有经过培训的销售员都会在这一环节上吃亏，只会提一些很容易被客户拒绝的封闭式问题，如“好不好，是不是，可不可以”，这时客户一个不字就会让你前功尽弃。

所以要想成为一个优秀的销售员，在跟客户的每次谈话中都要非常注意问题的设计，要养成以开放性提问结尾的习惯。例如，“我今天找您是为了介绍一项非常特殊的考勤制度，您对这样的考勤形式了解程度如何呢？”这样客户便不容易挂掉电话。

但在开场白阶段，如果客户对服务感兴趣，向销售员请教或咨询意见时，销售员即可利用封闭式问题来进行询问，这时封闭式问题更容易建立两者之间的信任关系。

3. 根据不同的人给予不同的利益诉求

给客户打电话，每通电话要求的时间都会很短，一般为 3.5~4.5 分钟。那么如何在开场白里精炼地概括出对目标客户的好处，目标客户要根据不同的职位来进行利益的诉求。

对于决策层，比如对于总经理这个级别的人来说天天被财务数字困扰。其所担忧的问题都是直接能从数字或运营 KPI 表达出来的，如销售额与利润的增长、成本的降低、单位运营效率的提高等。而且除了自身企业的运营问题之外，决策层比较关注竞争对手的动态、自己在行业内的影响等。因此，必须要在短时间内巧妙组织开场白，说出要找他的理由。

当他问销售员："请问找我有什么事情？"销售员就必须用一句话来概括自己的产品和服务对他的利益。"刘总您好，我们公司是一家帮助企业建立电话行销系统、提升利润水平的咨询顾问公司，目前在您这个行业，某某（对手名字）也是我们的长期战略客户。今天打电话给您，主要是希望让您来了解一下我们的服务，互相交流，探讨合作的可能性，您想知道某某（对手）公司是如何使用了我们的服务之后，在 3 个月时间内业绩增长了 4 倍的情况吗？"

电话销售不同于面对面的销售，需要建立起双方的信任，这个过程中就需要销售员付出更多的耐心。

六、处理特殊电话？会听也要会说

做电话营销这一行，遇到客户的投诉是再正常不过的事情了。但面对投诉，辩解有时候也是无济于事的，我们要耐心地倾听客户的意见，然后跟对方一起发现问题、解决问题。下面这个小故事中，电话营销人员庞华用电话解决客户投诉的方法就非常高明。

庞华是一家大型发动机制造厂的电话营销人员，有一次他辛辛苦苦地向一家工厂成功推销了几台发动机。

几个星期后，他打电话给那家工厂负责发动机安装的总工程师，想了解一些情况。因为庞华知道，前面的几台发动机如果运转正常，对方工厂至少还要安装好几十台发动机。然而出乎意料的是对方并不满意，在电话里抱怨：

“哦，庞华先生，非常抱歉地告诉你，你们的发动机恐怕有点儿问题，我们不会再从你那里购买任何型号的发动机。”

“为什么呢？”庞华惊讶地问。

“因为你们的发动机在工作时温度太高了，手碰都不能碰一下。”

“我完全同意您的意见，而且如果发动机温度太高，我们应该退货，是吗？”

“我希望你们能够这样处理。”

“发动机在工作时都会发热，是吗？”

“是的。”

“但您不希望我们的发动机在工作时，温度超过全国电工协会规定的标准，是吗？”

“我想是的。”

“按照国家标准，发动机在工作时可以比室内温度高30℃，对吗？”

“可你们的产品却比这个温度高出很多。”

“你能告诉我当时的车间温度是多少吗？”

“大约30℃。”

庞华吁了口气，接着说：“车间温度是 30℃，加上国家标准允许的30℃，一共是60℃，我想，如果您把手放到60℃的水中，也会很烫手的，您说是吗？”

对方这时不得不再次点头说是。

“好了，您以后不要用手去摸发动机了，请您放心，我们的产品一切都是正常的。”

结果，庞华又从对方那里获得一笔大的订单。

从头到尾没有和客户发生过一句争吵，事情便处理得漂漂亮亮，这是不是很值得我们学习？

在生活中，总是有很多突发情况是我们始料不及的，更何况是在比较复杂的商业领域。所以，我们任何时候都要做好应对突发状况的心理准备。在我们每天与电话打交道的过程中，也会出现这样那样的问题。其实，在处理这些“特殊”电话时，需要掌握一定的技巧。

第一种情况：听不清对方的话语时

当遇到听不清对方声音的情况时，进行反问并不会失礼，只是必须要方法得当。如果只是惊奇地：“咦？”或怀疑地回答：“哦？”对方只会觉得无端地招人怀疑、不被信任，从而心生愤怒，连带对听话人的印象也会不佳。但是如果客客气气地反问：“对不起，您刚才的话我没有听清楚，请再说一遍好吗？”

打电话的时候如果信号不好，就会听到对方的话是断断续续的。这个时候千万不要在一边：“喂，喂，怎么搞的呀？”因为很有可能说话人的这些话会被对方听到，会被对方认为不礼貌。

第二种情况：遇到了自己不知道的事情

有时候，对方在电话中一个劲地谈论接电话的人不知道的事情，而且像竹筒倒豆子一样，没完没了。碰到这种情况，接电话的人常常会感到恐慌，虽然一心盼着有人能尽快来接电话，将自己救出困境，但是往往会迷失在喋喋不休中，好长时间不知道对方要找谁，待电话讲到最后才醒悟过来：“关于××的事呀！很抱歉，我不清楚，负责人才知道，请稍等，我让他来接电话。”

其实在遇到这种情况时，应该尽快理清头绪，了解对方的真实意图，避免被动。可以一开始就用礼貌得体的语言让对方表明来意，再做定论。

第三种情况：接到客户的投诉电话

投诉的客户一般都会满腹牢骚，甚至暴跳如雷，如果作为被投诉方的销售员缺少理智，像对方一样感情用事，以唇枪舌剑回击对方，不但于事无补，反而会使矛盾升级。

正确的做法是：处之泰然、洗耳恭听，让客户诉说不满，并耐心等待客户心静气消。其间千万不要说“但是”“话虽如此，不过……”之类的话进行申辩，应一边肯定顾客话中的合理成分，一边认真琢磨对方发火的理由，找到正确的解决方法，用肺腑之言感动顾客。从而化干戈为玉帛，取得顾客谅解。如果自己不能解决，应将索赔的内容准确及时地告知负责人，请他出面尽快消除对方的不满。

七、接听电话有技巧？让对方感受到“如见其人”

我的大学同学张然对某公司向往已久，毕业前夕正好该公司招聘，她就去面试该公司公关部文员。面试进行到一半时，负责人有事情外出，吩咐如果有电话请帮忙接一下，负责人走到另一个房间，打了个电话装作找自己。张然在电话里委婉的声音、礼貌规范的接听技巧让面试官非常满意。而张然也得到了她心仪已久的职位。

要想有一个良好的电话礼仪，就得让对方感受到与自己打电话“如见其人”，这样才能够给对方及其他在场的人，留下一个完整、深刻的印象。那么怎样才能让电话另一端的人感受到自己的优雅端庄呢？在此有些细节问题需要牢记。

1. 铃声响不过三

当别人在给自己打电话的时候，如果立即拿起，势必会让对方觉得唐突；但若是在响铃三声以后再接，就是缺乏效率的表现，也会给来电者留下公司管理不善的第一印象，同时也会让对方不耐烦，变得焦急。

如果因为客观原因，如电话不在身边，或者一时走开，不能及时接听，那么在拿起话筒以后要先向对方致歉并做出适当的解释，如“抱歉，让您久等了”等。

假如是在家里接听电话，虽然不用像在单位那样及时，可是尽快接听也是对对方的一种尊重，也是一个人的基本礼貌。如果在铃响五声以后才去接，应该向对方表达自己的歉意。老朋友之间尽管没有必要做郑重其事的道歉，但是向对方解释一下原因也是必要的。

2. 规范好你的问候语

如果是在工作场合接听电话，首先要问候对方，然后自报家门。对外接待应报出单位名称，如果接的是内线电话，应该报出部门名称，比如：“您好，销售部办公室，我是××。”或“××大学中文系，你好。”“您好，××公司。”

自报家门的作用是让对方知道有没有打错电话，如果打错电话即可少费口舌。接听电话讲求规范体现的不仅是对对方的尊重，而且也反映出本单位的高效率和严管理。

在家里接电话就能有多种选择了，规范一点的可以用：“喂，你好！”问候对方，当然在家里接听电话与在工作单位接听电话有所不同，在家里，关键是要让对方感受到亲切友好，而这种亲切友好主要是通过接听电话人的语调、语气来体现的，过于规范化的电话反而会让人觉得“公事公办”的冷淡。

当对方要找的人不在或不能及时接听电话的时候，要特别注意，在询问对方姓名前，先告知他要找的人不在。

3. 记录并引用对方的名字

在办公室工作的我们应该有意识地训练自己的听辨能力。假如对方是老顾客，经常会打电话来，一开口就应该听出是对方的声音，那么可以用合适的称谓问好："您好，马经理。"这样一来，会给对方留下受到重视的感觉，增强对方对自己的好感。

当然，如果还不能十分确定对方的身份，就不要想当然地称呼对方，毕竟叫错了人会让双方都尬尴。

4. 礼貌对待打错的电话

有些人在接到打错的电话时，就会很容易忽略礼貌问题，甚至很粗鲁，这是因为人们认为错打的电话与自己没有关系。但事实上，并非错打的电话都必定与自己没有关系。有时，对方也恰恰是与自己有重要关系的人。

因此，接听电话时最好每一个电话都讲究礼貌，保持良好的接听态度。

5. 让对方先挂断电话

当对方说"再见"的时候，别忘了自己也应该说"再见"，并等对方挂断以后再挂电话，最好不要一听到对方说"再见"就马上挂断电话，尤其不能在对方一讲完话，还没来得及说"再见"时就把电话挂断。注意挂断电话时应该小心轻放，别让对方听到很响的挂机声。

八、转接电话露隐私？管紧嘴巴守分寸

案例一：我们公司的小赵是个典型的大嘴巴，但凡别人有点什么事情被她知道了，那么整个公司的人也就全知道了。有一次她接了一个电话就大声喊："喂，王姐，你的电话，是个男的。"整个办公室的人都听到了有个男的找王姐，大家都抬起头来看着王姐。王姐非常不好意思地过去接电话。

案例二：我的闺蜜张彤跟我说了她前一段时间遇到的一件非常郁闷的事情。她

跟客户约好打电话商量合作的问题。可是打电话的时候恰好是客户的夫人接的电话。

闺蜜打电话是这么说的："请问，李先生在吗？"李先生的爱人听到电话里一个年轻女士的声音找自己的爱人，立刻提高了警觉："你是谁啊？哪个单位的？你找他有什么事情吗？你怎么知道我们家电话号码的？"闺蜜一听感觉这种问话方式简直是在污辱自己，于是她马上就说："没什么事情，不用找了！"

案例三：我的同事刘忻接到一个电话："帮我叫一下李飞。"刘忻听出是局长的声音，她赶紧把李飞叫来，自己就在不远处竖起耳朵听电话，她听到李飞说："好，我马上去您办公室。"李飞挂断电话匆匆地走了。

刘忻立即跑到张大姐那里："张大姐，局长叫李飞去一趟，一定是他那天喝醉酒打人的事情被局长知道了，这还不得严厉处分，弄不好被开除呢。"过了几天，单位里都在传李飞喝醉酒打人被局长狠狠批评了。

在职场中难免会遇到转接电话的情况，但是这种情况也得注意自己的礼仪问题，千万不要认为不是找自己的就随意应付，下面这几点就值得我们多加注意。

1. 转接电话拿着话筒和放下话筒一个样

有些人在拿着话筒时，就比较注意自己说话的礼仪如："您找哪位？请您稍等。"可是一旦放下电话找人时，却忽略了对方也能听见，开始变得随心所欲，就像上述案例中所说的，变成了"是个男的"，或者说"一个有外地口音的人"，"一个声音挺娇的小姑娘"。

当对方在电话里听到这些形容词时，就会感到不愉快。因此，转接电话时要同样用客气的方式叫人，或者应该用手捂上话筒，注意隔音。

2. 做好电话记录

如果对方要找的人不在，要尽量做好电话记录工作。记录内容包括什么人、什么时间打的电话、大概是要说什么事（如果对方不愿意不必强问）、对方有什么要求（一看到字条马上回电话，还是晚上再打电话等）。

通常很多人在转接电话时不予记录或者记录得非常简单，只有一个姓和一个电话号码，如果对方要找的人工作繁忙，那么这种电话可能得不到及时回复。

3. 确认对方姓名身份尽量用褒义词语

替人转接电话，确认对方姓名时，要尽量用褒义词语。不要脱口而出，用习惯用语去确认对方的姓名。例如，“您姓孙，是孙子的孙吗？”“您姓冷，是冷淡的冷吗？”诸如此类，让对方听了感到不快。其实可以改成“是孙子兵法的孙吗？”“是冷热的冷吗？”在记录对方电话号码时，则一定要重复，以免记错。

4. 未经要接电话者同意不要轻易将手机号码告诉对方

转接电话时，如果来电者要找的人不在，对方询问手机号码时，转接者一定要经过要接电话者同意才能把手机号码告诉对方。否则可能会严重干扰到要接电话者的工作或生活。

5. 讲究口德不乱传闲话

如果转接到了一个敏感人物的电话，例如，大家怀疑某某跟某某有特殊关系，恰好某某打电话找某某时被自己接到了，这种时候千万不要捕风捉影，不要去转告第三人“谁给谁来电话了”，更不能在旁边偷听对方的电话内容。

无论是绯闻还是面对关系过于紧密的上下级，接电话者都不能妄自猜测，更不能随意传播。就像案例中所说刘忻的例子，随意猜测传播严重破坏正常的人际关系。

6. 转接电话应该把握好分寸

转接电话不仅是帮忙叫人和记录来电者姓名和电话号码，它实际是一个如何处理好自己与来电者、自己与要接电话者之间关系的重要表现。

因此，转接电话需要职业性的处理方式。一方面要清楚有效地把电话转接出去，另一方面不能给来电者留下不良印象，也不能给要接电话者带来麻烦。

九、电话想挂就挂？错误挂断，前功尽弃

钟灵是一家饰品装饰公司的电话销售人员，有一天，恰好在她忙得不可开交时，接到一个客户打来的电话，钟灵在听了对方一番长长的问题后，只做了简单的回答就挂了电话。

对方还没说再见，就听到钟灵这边“咔嚓”一声挂断电话。客户一下子就愣住了，他没想到钟灵会在他之前挂断电话，心里十分不快地嘟囔了一句：“这么急，赶着投胎啊！”

后来，这个客户与钟灵的上司一起聊天时，说起钟灵挂断电话的事情，上司回来就把钟灵训了一顿，并且扣除她当月的奖金。因为接听电话而失去重要客户是得不偿失的。因此，就算是手上有很多工作要做，也不可以在接听电话时表现出不耐烦的语气，尤其是接听抱怨自己的工作或公司情况的电话时更要耐心倾听，让对方把话说完，然后分析问题到底出在哪里，平心静气地与对方商量解决办法，这样不但会留住客户，而且还会给客户留下极好的印象。

现在电话已经是人人离不开的通信工具，然而电话天天打，对于通

话结束后怎么挂断电话，很多人就不会多加在意，而且很多人都会这样想：谁先打电话的，就谁先挂电话。其实不然，懂得如何把握好挂电话这个小小的细节，通过细节提升自己的个人修养，养成良好的挂电话习惯，才能更有助于提升自己的个人魅力。

特别对于电话销售人员来说，永远要记住一点：永远让客户先挂断电话。顾客就是上帝，对于销售人员来说，不仅仅要表现在口头上，更要随时记在心上。

在结束电话交谈的时候，一般是由打电话的一方提出，然后彼此再客气地道别，说一声“再见”，再挂断电话，不可以只管自己讲完就挂断电话。然而在放下电话听筒时要注意，不要直接把听筒放回话机，而要用另一只手按下弹簧，在确定电话挂断以后再挂上听筒。

也许销售员有过这样的经历：当跟对方谈完事情，正要向对方道谢时，“谢”字都还没有讲完，就被对方挂断电话。不管对方是谁，销售人员遇到这种情形，心里一定都不太好受。所以如何挂电话也是一门学问，挂好电话才能真正做一个优雅懂礼仪的职场人士。

在跟上级进行电话沟通后，一定要等待对方挂断电话，这是对别人的一种尊重。如果一个人的职务是一个集团的分公司经理，需要给总部打电话，恰好接电话的是一个小职员，虽然从职位上来讲，这个人比小职员高很多，但是作为总部和分公司之间的领导性质关系来说，让对方先挂电话，更能体现出一个人的职场修养及领导风范。

第八章

时尚礼仪实战：优雅特质修炼有诀窍

饭局应酬已经成为新时代对职场人士的一种“职业能力”及“社交能力”的考验，不管在生活中还是在工作中，有社交就会有饭局。因此，一个人有多少资本，能有多大的发展，似乎与“饭局”二字密不可分。

一、喋喋不休是热情？莫要成为餐桌上的“祥林嫂”

有一次，我们公司聚餐，坐在我旁边的一名女同事腿上有块地方蜕了皮，可是我不敢问她是怎么回事，因为我知道只要开口一问，她准会从交通状况谈到个人医疗保险，没半个小时谈不完。

每次聚餐的时候，只要她一出现，她就会像“唐僧”一样数落单位里所有人的不是，从前台到老总，再到打扫卫生的阿姨，把所有人数落个够，然后再说到自己的命运有多么悲惨，窝在这个小地方难放光辉。

记得一次新员工大会结束后，几个刚来的大学生正摩拳擦掌热血沸腾，她却不冷不热地来一句：“在这种鬼地方，甭想有发展的机会。”影响实在是太坏了。

“祥林嫂”这个人物相信大家都不会陌生，她自从经历生活的磨难以后看到谁都要说一遍自己遭受的痛苦。当第一遍的时候人们还会同情，但是当第二遍、第三遍的时候，人们剩下的就只是厌恶了。尤其是在餐桌上，大家聚会是为了联络一下感情，而不是为了听别人的苦难史。

在餐桌上有男性的时候更是如此，“祥林嫂”这样的人会让人觉得很扫兴，那么人们最讨厌在餐桌上提及哪些话题呢？

1. 做媒

由于大家常常不见面，所以一到聚餐的时候，有些女同事就会开始

关心他人的个人问题，不停地对男同事说公司新进来一个姑娘几岁，哪儿人，还没有对象……张罗着就要给男同事介绍对象。也不知道她究竟是古道热肠还是闲着没事。她会天天在人耳边絮絮叨叨地说张家姑娘王家二妹，似乎不成全这门亲事就寝食难安。

2. 八卦

有人说人就是天生的“娱记”，他们把八卦从状态发展成为一种性格，把流言从语言升华成为一种艺术。

想知道对面大楼的小伙为什么谈恋爱总是被甩吗？只要是这栋写字楼的包打听，随便逮一个就能知道答案。当然，答案的可靠性没有人能保证，有可能问的人不同，得到的答案也是五花八门。

如果有一件事自己不想让别人知道，那么就不要告诉自己身边的大嘴巴。如果最后不幸还是让某个大嘴巴知道了，那也有办法补救：告诉尽量多的人不同的版本，然后请求他们不要告诉别人——最多一个星期，就会发现自己的秘密已经有上百个版本，这就叫作“置之死地而后生”。

在餐桌上好不容易凑成了团，肯定会七嘴八舌地聊八卦，尤其是在酒精下肚以后，更加口无遮拦。

俗话说“祸从口出”，即使话多不一定严重到招祸，但能管住自己嘴巴的人，也将自己的人生把握了大半。尤其是在同事或者朋友聚会的时候更应该背后不论人恶，这绝对是最基本的道德。人非圣贤，孰能无过，但是在背后指责别人的人一定会让别人觉得不可靠，被称为“长舌妇”，没有人会愿意跟这样的人共事，更别提共度一生，那恐怕是炼狱般的煎熬吧，所以千万别让自己成为这样的人。

如果酒喝多了，最好的办法就是保持沉默，因为言多必失。酒精会刺激一个人发牢骚，不管是在家里，还是在单位。人生不会是公平和一帆风顺的，一旦受到酒精的刺激，那些憋在心里的话一定会“一泻千里”。

但是事情不会因为一个人的牢骚而改变其本来的面目，牢骚满腹，只能证明这个人没能力上进又不安于现状，这样的人，无论领导还是同事，相信没人会喜欢。所以最好在聚会之前把自己心里的牢骚排空，这样即使是喝酒也不会酒后失言。

在酒桌上绝对不说伤感情的话，不管对谁。若情薄如纸，不必说，也会四分五裂；若情深义厚，更不能说，因为再深厚的感情，也禁不起反复割伤。一个人若珍惜，就必须谨慎地将所有伤感情的话，像收藏利刃般小心收起。

如果想要批评某个人，想要借着聚会说出来，也要说得委婉一些。人活一张验，顾全了别人的脸面，别人自会放在心上。尤其是对孩子，一个人随口说出的一句话，很可能会伤到孩子的自尊心，影响他本来的积极性。

当然对于别人的赞美也不要羞于出口，坦率些，能让别人心花怒放的机会，何必藏着掖着？能看到别人的长处，说明有颗善良的心。说出来，别人或许当面会谦虚，但在他内心里，一定会格外高兴。说不定心情一好，别人的日子也会好过呢。

一个成熟的人，一定要管住自己的嘴。嘴管住了，生活就美好多了。

二、Hold 住全场？菜单传到自己手中怎么办

在兰欣和王经理的招呼下，客人都到齐入座了，服务员拿着菜单问道：“哪位贵宾点一下菜？”

王经理随即答道：“给张总，张总可是今天的大贵宾。”于是，服务员连忙把菜单递到了张总的面前，却被张总抢先挡了回来。只见张总摆

了摆手说："不用不用，还是给王经理身边的那位小秘书吧，相信人美点的菜也美。"张总说的人正是兰欣。

兰欣也赶紧摆手说："哎呀，我也不会点，还是给我们王经理吧。"一边说着一边把菜单递到王经理面前，只见王经理尴尬地笑了笑说："怎么转了一圈又回来了，不成，兰欣是张总钦点的人选，必须得你点。"

这下兰欣为难了：自己点菜会不会抢了领导的风头呢？如果我点，该怎么点呢？

兰欣下意识地看了看领导，王经理笑笑地说："放心大胆地点，看我做什么？张总大驾，多点些硬菜。"听经理这样一说，兰欣大胆地点道："来个澳洲大龙虾，4 斤的，再来个碳烧野味，再来个铁板牛肉……主食的话，每人一份鱼翅捞饭，一份鲍鱼粥……汤要西湖牛肉羹，再来个珍珠港湾……"

张总看来对点的菜很满意，接近尾声时张总还亲自承诺下个项目要签给王经理做，兰欣顿时心里像开了花似的。

结果一送走张总，王经理就问兰欣："吃好了吗？"兰欣点了点头，"你是吃好了，我的钱包快饿死了！"兰欣看着王经理那双像是要杀人的眼神，也觉得很委屈："不是可以报销吗？""近一万元钱的单子你让我怎么报销？"

凡是饭局，一般都免不了点菜的环节，饭局中的"点菜"也是一门学问。如果随便问一个人："你会点菜吗？"恐怕很多人会说："点菜谁不会啊。"但是问："你有没有拿到菜单就像拿到烫手山芋一样的时候呢？"估计我们都要想想。

我们多多少少都会遇到这样的问题，当菜单传到自己的手中，不管自己是主人还是主客还是陪客，都会为如何选择而犯难。

如果自己被领导带出去应酬，而领导又是主请客方，那么作为陪同的你则可以视作半个主人，应当全面配合领导，将饭局圆满进行。那么，作为主请客方该如何点菜？

有人可能会说，这简单，怎么有面子怎么点，点贵的。这自然是不科学的，因为有一个必须要考虑到的问题，那就是预算。

那么，在点菜的时候如何做才能 hold 住全场呢？

1. 除非领导主动要求点菜，否则不要将菜单推给领导

点菜并不是什么大事，推给领导并不会让他觉得体面。一些德高望重的人在饭局中并不会拿着菜单去点菜，因为这种行为就像妇女们拿着菜篮子在菜市场选菜一样，并不是多么有面子的事情。相反，这是一种服务性的行为，压低了身份给在座的所有人服务，不管是比自己地位高的还是低的。

2. 重视预算问题

不管是领导自己掏钱还是公司报销，都要以主人的态度重视预算问题。公私的财务自然是要分开的，不能混为一谈。在以工作为目的的饭局中，领导是为了公司利益而做东的，所以公司允许报销，但我们也不能把公司当作“冤大头”，这也会让领导认为自己是一个视集体利益而无物的自我型员工。

3. 让给与你平级或更低位置的人

如果真想把手中的菜单推出去，那不妨让给在场的另一个和你平级或是更低位置的人来点。

需要注意的是，也不可太过随意，更不要说“服务员，你随便给我们点一些差不多的菜吧”，这样一来不能保证服务员点的规格是贵还是便宜，恐怕是以贵居多。即便是贵了，客人也会因此觉得主请客方并不重视这次宴请，并没有足够的诚意。

4. 看场合点菜

如果领导请的是一群办公室里的同事，那么一般10~30元的菜再加上一个稍贵点的重头菜即可；如果是商务宴请则规格可以再高一些，50元左右即可；如果是关系到领导发展或是公司大方向转型或是抢占新市场等长期性发展的宴请则可以再提高一个档次，点一些贵重的菜，例如，龙虾、鲍鱼等，但也不可过多，否则既显不出主菜的贵重，也容易造成不必要的支出，导致预算过大。

三、想做宴会之王？酒桌上要把握好分寸

我曾经在一家公司作实习生，我们的部门主管李总因为要外出应酬，于是让我跟着他一起去，长点见识。

我们直接到了一个饭店，那时候包间里已经有人在等候。原来我们李总请人吃饭，结果自己记错了时间让对方等了他半个小时。于是一进去李总就开始给对方道歉："真是不好意思啊！有点事情耽误了，今天的菜您随便点，权当给您赔罪了。"

对方的脸色也很不好，但是拒绝点菜，非让我们李总点，估计是想看看李总有多大的诚意吧！但是李总又不知道人家爱吃什么，于是一边点一边试探着问："要不来个海参……"对方听到此话脸色好看了一些，于是李总继续说："再来个阳澄湖大闸蟹……"

对方没有任何不快的表现，李总这时才松了一口气，看来是正对人家的胃口，于是这场谈判也就顺利拿下了。

其实对于职场人来说，看人下菜碟是一项必备的技能，这样才能在职场中游刃有余，穿梭于人海中，不落话柄。若是这次李总没有舍得掏腰包，那么对方也不会轻易松口，所以该出血时就得出血，不然办不成事情。

对于职场人士来说，谈起喝酒几乎所有的人都有过切身体会，“酒文化”作为一个既古老而又新鲜的话题，在现代人的交际过程中，也占据着非常重要的位置。事实就是如此，酒作为一种交际媒介，既可以用来迎宾送客，又可以聚朋会友，起到彼此沟通、传递友情的作用，所以酒桌上存在着非常多的“奥妙”，它有助于一个人获得一个大的交际圈。

但是在酒宴上，哪些话该说和哪些话不该说需要仔细揣摩。因为酒桌上人比较多，有可能会出现两个人窃窃私语的现象，但是这种现象是要不得的，要尽量找一些大家都感兴趣的话题。由于每个人的兴趣爱好不同、知识面不同，所以话题要避免唯我独尊，不要天南海北、神侃无边，出现跑题现象，而忽略众人。与人贴耳小声私语，会给别人一种神秘感，往往会使人产生“就你俩好”的嫉妒心理，影响喝酒的效果。

下面几点可以有助于一个人在酒场中树立自己的美好形象，扩大交际圈。

1. 分清主宾的身份，把握大局

大多数的酒宴只有一个主题，那就是喝酒。所以在赴宴的时候可以先环视一下周围人的神态表情，分清主次。千万不要只是为了喝酒而喝酒，从而失去良好的交友机会。

2. 语言得当，诙谐幽默

酒桌上可以显示出一个人的才华、常识、修养和交际风度。有时候一句诙谐幽默的语言，往往会给客人留下很深的印象，在无形之中对此人产生好感。因此，应该知道什么时候该说什么话，语言得当，与幽默结合才能锦上添花。

3. 劝酒适度，切莫强求

在酒桌上往往会遇到劝酒的现象，有的人总喜欢把酒场当成战场，想方设法劝别人多喝几杯，认为不喝到量就是不实在。“以酒论英雄”，对酒量大的人还可以，酒量小的就犯难，有时过分地劝酒，会将原有的朋友感情完全破坏。

4. 敬酒有序，主次分明

敬酒也是一门学问。一般情况下敬酒应该以年龄大小、职位高低、宾主身份为序，敬酒前一定要充分考虑好敬酒的顺序，分清主次。如果是跟不熟悉的人在一起喝酒，也要先打听一下身份或是留意别人是如何称呼，要做到心中有数，避免出现尴尬或伤感情的局面。

如果有求于某位客人在席上时，对他自然要恭敬，但是要注意，如果在场有更高身份或年长的人，则不应该只对能帮自己忙的人毕恭毕敬，也要先给尊者、长者敬酒，不然会使大家都很难为情。

5. 察言观色，了解人心

要想在酒桌上得到大家的赞赏，就必须学会察言观色。因为与人交际，就要了解人心，左右逢源，才能演好酒桌上的角色。

6. 锋芒渐射，稳坐泰山

酒席宴上要看清场合，正确估价自己的实力，不要太冲动，尽量保留一些酒力和说话的分寸，既不让别人小看自己又不要过分地表露自身，选择适当的机会，逐渐放射自己的锋芒，才能稳坐泰山，不至于给别人产生“就这点能力”的想法，使大家不敢低估自己的实力。

四、灌酒不断怎么办？水来土掩巧接招

我们公司业务部的赵蕾，因为平时与我有一些交流，所以我们关系还不错。我就问她：“据说你们业务部的人都是海量啊，

每次应酬的时候都是大杯喝酒，你是不是也很会喝酒啊？”

赵蕾故作神秘地说：“什么叫作会喝酒，饭局上的应酬不是看谁酒量大生意就归谁，其实也是需要耍一些小聪明的。”我当时很奇怪地说：“喝酒怎么耍小聪明，那么多人看着。”

赵蕾小声地说：“这你就不知道了，刚开始的时候我也是硬生生地喝，能挡就挡，挡不住就只能喝得不省人事。但后来有一个同事告诉她，酒桌上可以利用移花接木的办法，例如，喝完以后，找一个餐巾纸或者茶杯，趁机吐出去，这样在客人眼里你没少喝，又保持一个清醒的头脑，这个单子不归你归谁呢？”

听完这一席话真是受益颇深，酒多伤身，所以在饭桌上找一些技巧，才能在职场中既不失礼又能占据一席之位。

1. 移花接木法

所谓移花接木法就是将酒喝到口中后，再借着擦嘴或是喝茶等动作将嘴里的酒转移出来，不让酒进入体内，也就无从说醉或是麻痹神经与理智了。

其实移花接木的方法在使用的时候也是需要讲究技巧的，如果被看出来，那就只剩下尴尬了。

如果想要瞒天过海，那么下面这些策略就是保证“骗术”成功实施的基石。

第一，要找一个好时机。在饭局开始之初，每个人的头脑都很清醒，那么如果在这个时候就使用“移花接木”来瞒天过海肯定不行，因为这个时候被发现的概率很高，所以这个时候应明察秋毫地观察着每一个人的动作。

第二，在使用“移花接木”的时候要准备好道具。因为这种方法讲究的是速度，一个自然的衔接，中间的时间拉得越长，越容易露出破绽。

第三，茶杯也可以作为移花接木的道具。但是要注意茶杯不要倒八分满，一分不动是很明显的。这就和餐巾纸一样，同样属于道具准备不当。既然要用到茶杯，里面有个三四分满即可。

一般来说，喝了酒可能会赶快喝茶来冲散口中酒的味道，这样喝茶就显得合情合理。但是如果是吐酒的话，原本八分满的茶，却一点儿也没有少，甚至有了多的迹象，这肯定会引人怀疑的。

如果在使用移花接木的时候被人看出漏洞，也可以有一些补救的方法，例如，刚把酒喝进嘴里，但是在吐进茶杯的时候被人发现，可以这么说："真是冤枉啊！我这嘴里溃疡，酒一进口就生疼，这想吐又找不到纸巾，只好吐在茶杯里。"

这么一说即可把之后所有的酒都挡掉了，可以说一举两得。

如果还是有人质疑说："这酒都已经到嘴里了，你应该赶快咽下去才是，怎么还在嘴里含着找地方吐啊？"

这种质疑也很正常，这时不妨像是恍然大悟地说："是啊！这疼起来要人命，哪里还有理智去考虑这些问题呀，首先想到的就是将这个东西抛掉，这是出于人的本能反应啦！"接着，不妨加一句："看来我今天要收敛一些，实在不好意思，今天这笔账先记着，改天一定补回来，反正咱这饭又不是吃一次就完了是不是？"

这样既表达了自己的歉意，又表达了常来常往的愿望，虽然说这只是一句客套话，但起码让在座的人听起来觉得"这人实诚"。

2．偷梁换柱法

所谓的偷梁换柱法就是"以假乱真"，用不是酒的酒来保护自己。例如，偷偷地用水或是茶将酒换掉，这样既能活跃气氛，也可以有效地保护自己。

当然，这也是一记险招，一不小心就可能会露出马脚。所以要将此法运用得炉火纯青，除了要有"魔术师"般的障眼法，还要有较强的临场应变能力。

五、话出口前过脑子？人多不说悄悄话

李莎现在在一家跨国公司做总经理秘书，自然避免不了陪同总经理一起出席饭局。有一次李莎又像往常一样陪同总经理共赴饭局，转盘上各色的菜肴都已经摆满，主人招呼大家吃好、喝好。但直到总经理动了筷子，大家才纷纷开吃。在吃饭的时候李莎凑到总经理面前说："您中午刚吃了胃药，等一会儿别空腹喝酒，多吃点菜或者主食垫一下吧！"这时候总经理笑着说："我知道，但是今天这酒是一定要喝的，等一会儿你多替我挡一下吧！"李莎笑着说："我看他长得也不是那么能喝的样子，估计两三杯就不行了。"这时总经理笑容满面，搞得主人一脸的茫然。

这时候主人说："麦总，李秘书，可一定要吃好。你们先吃着，咱们一会儿好好喝几杯。"

"好的，一定一定。"麦总应和着。

李莎也说："看吧，我没有说错吧，他也怕醉，所以先垫垫肚子，这您还怕什么啊……"

等到正式开始喝酒的时候，主人的秘书借口给李莎敬酒，敬完以后坐在李莎身边不走了，然后开始跟李莎谈论一些女人之间的话题，这个时候饭桌上变成了两组人，那边总经理和主人也开始热聊，这边李莎和主人的秘书也聊得热火朝天。

这时候主人说话了："两位美女，聊什么呢？说出来让我们也听听啊！"主人的秘书娇滴滴地说："都是女人的话题，男士勿听。"这时候主人说："用我那8岁女儿的话说'鄙视你们这些说悄悄话的人'。"

回去的路上李莎说："这个秘书太热情了，拉着我说个不停。"麦总这时候说："'鄙视你们这些说悄悄话的人'这句话你知道是说给谁听的吗？"李莎若有所思地说："难道……是在说我们吗？"

麦总这时点了点头。

其实作为主人，看到自己请的客人和随身带的秘书说悄悄话，一会儿你在我耳边说说笑笑，一会儿我趴在你耳边上说说笑笑，主人看着也会感到心惊胆战，因为邀请客人就是为了谈生意，一旦客人心情阴晴不定，那么生意八成也就会黄了。

那名主人的秘书怎么会那么胆大，在饭桌上跟客人的秘书谈天说地呢？其实是受了自己上司的委派，来分开李莎和麦总，这样主人才有机会接触麦总。

因此，在一个饭局作陪的时候要想不失礼，就应该注意以下几点：

（1）作为陪客，不要频繁地跟主宾说悄悄话，这会使主宾分神，也会令主人不满意，甚至是气愤，觉得这是在毁他的局。一来可能主人是费尽周折才请到这个客人，机会难得，所以想要好好把握这个攀交情的机会；二来主人下了血本，点了很贵的酒菜，更加希望能够物有所值。

（2）如果一个人是作为主宾，那么不要过多地跟陪客说悄悄话。应该果断告知自己的陪客说："有事待会儿说。"然后把更多的时间交给主人及宴会本身。

（3）主人与主宾也不应该说过多的悄悄话，这样会让陪客觉得受到冷落，感觉不受重视。当然，有些必要的话不想让旁人听去，也可以悄悄地说，但最好不要过于频繁。

六、孰高孰低？碰酒杯礼仪要到位

夏夜，叶秋坐在大排档里和一群朋友一起吃着烧烤、小菜，喝着啤酒，十分惬意！

"来来来，大家一起举杯，干干干！"叶秋也拿起杯子，几个好友一起把杯子堆到了桌子正中间的上方，互相碰着，不过令叶秋感到奇怪的是，大家的杯子一个比一个碰得低。叶秋是想要和大家碰齐杯口的，可是她越往下放，朋友们的杯子也就越往下，最后朋友索性在自己杯身下面一碰便自行喝掉了。

叶秋发现，几个朋友和自己碰杯时都是把杯口碰到自己的杯身位置。“哎呦，你们杯子拿那么低干什么？”叶秋看着就觉得别扭，她觉得杯口对杯口看起来才算是协调，但又一想，莫不是有什么讲究。于是怯生生地问道：“是不是怕杯口对着杯口会交叉感染啊？”

叶秋的好闺蜜小米装作没好气地说：“都说了你的工作太封闭，别看你到了主管的位置，可是每天工作就是写写数据，也不出来见见人……所以怎么样？你看看你连这点礼仪都不懂。碰杯时杯子放低点是最基本的礼仪，是对对方最起码的尊重。”

关于喝酒碰杯的起源有两种说法：

一是说古希腊人认为在分享美酒时，五官之中“鼻可嗅酒香，眼可观酒色，舌可品酒香”，而只有耳朵享受不到，所以便发明了互相碰撞杯子，从而让耳朵听到酒杯在碰撞下发出的声音，也享受到酒的乐趣，即为“耳听酒音”。

另一种是说古罗马在“角力”竞技前喜欢饮酒，而选手之间为了避免被下毒所以双方要互碰酒杯，让溅出来的酒都洒到对方杯子里一些，以此作为防范，久而久之，便形成喝酒时必行的一种礼仪。

现如今，碰杯的确已经演变成为一种潜在的文化，一种人与人之间在酒桌上交往的礼仪。

另外，在酒杯中还能碰出一些态度来，谁是德高望重者，谁是谦卑攀求者，从碰杯即可看得出来。“碰杯识人”也不失为酒桌上的一种技巧。

比如，一个人看到别人把杯子碰到自己的杯子下面而无动于衷，或者很自然地接受时，则可说明这个人的身份是不一般的，起码相对于那个杯子放得很低的人来说是高出很多的。

但如果你看到一个人和别人碰杯时使劲地把自己的杯子往下压，则说明这个人至少在和他碰杯这个人面前来说身份比较低微，要么就是要求其办事，因此才能极力地将自己放到一个卑微的位置。

七、让洁癖在餐桌上给礼节让路

我的表姐莎莎不管走到哪儿，她的手袋里除了口红、眉笔，还有三样东西是必不可少的：消毒洗手液、一次性手套、一次性坐便器套。除非是自己专用的，否则绝不碰摆在餐桌上的番茄沙司或任何调料瓶。

其实她的洁癖在办公室里同事们还是很称赞的，因为她会把办公室的各个角落打扫得干干净净，只是大家都没有跟她在一起用过餐，不知道她在饭桌上表现得如何。有一天，她们公司的朱经理带她去参加一个饭局，才算让大家真正了解了什么叫作洁癖。

那天大家都进入包厢以后，都很快落座，只有莎莎还在跟椅子作斗争，吹完以后擦，擦完以后再吹，然后垫了一张纸才坐下。那个时候莎莎已经成为焦点，朱经理打哈哈说："女孩子就是爱干净，没办法。"

等到上菜以后，大家都开始吃菜，只有莎莎从包里掏出纸巾，对着筷子一遍遍地擦，这时候请客的主人说："美女，擦完筷子赶紧吃饭吧，要不一会儿我们就吃完了啊！"这时莎莎一脸谦和地说："没关系，你们先吃。"然后只见擦好筷子的莎莎只动刚刚上来的菜，而且只要别人吃过的菜，莎莎不会再动一下。

吃了点儿菜大家开始敬酒了，经过一轮下来，朱经理明显扛不住了，对莎莎说："莎莎，我恐怕不行了，你替我把这杯酒喝了吧！"只见莎莎拿起酒瓶给自己的杯中倒满了酒然后说："那我就替我们经理干了这杯吧！"这时候主人说："你要替朱经理敬我们，得喝朱经理的酒，你这杯我们待会儿喝。"

后来莎莎说："那我用我的杯子喝三杯总行了吧！"说完自顾自喝完自己杯中的酒，然后连倒两杯都喝了。大家也都看出来她有洁癖，后来也就没有人勉强了。

这顿饭下来莎莎彻底把朱经理得罪了，第一是在客人面前太失礼了，擦完凳子擦筷子，让别人觉得擦凳子是不是身上就沾染了灰尘，不擦筷子是不是就把病菌吃到嘴里去了，好好的一桌饭让人觉得倒胃口。而且在主人要求莎莎喝朱经理那杯酒的时候，莎莎宁愿自罚3杯也不用朱经理的杯子，表现出对朱经理嫌弃的意味。

其实爱干净本无可厚非，但是如果太过分就变成了洁癖偏执狂。如果对于上司要求的饭局不得不去，但去了以后又害怕自己会做出一些让人反感的举动，甚至让饭局走向尴尬的境地，那么在饭局中就要时刻注意克制自己的洁癖，可以从下面这几点着手：

1. 考虑一下交际的重要性

其实洁癖只是一种自我控制能力差的表现，往往这类人无法克制自己心中对脏乱产生的不舒服感，所以一定要去进行清理。在饭局这类交际场合中不妨用"交际最重要"这一心理暗示来将洁癖压制下去，至少忍到饭局结束。

2. 不要把有洁癖当成一件值得炫耀的事情

有些人可能喜欢表现自己"爱干净"，然后让别人觉得自己是一个多么爱整洁的人，但其实只是他自己沉浸其中，其他人心里并不完全是赞赏。更多的是看新鲜或者看笑话，会觉得这人“至于吗”。

3. 在赴约之前不妨先跟你的上司打个招呼

最好在参加饭局之前让领导知道“我的洁癖还是很严重的，害怕到时候造成尴尬，我倒是乐意去，如果到时候有什么事情，也替我解解围”，这样一来上司提前有了心理准备，在饭桌上就不至于那么尴尬，再或者这样一交代以后，饭局也就不用去参加了。

第九章

应酬实战：张弛有度，三分生意七分人气

同样是做生意，为什么有的人挣钱，有的人却赔钱呢？其实，生意场就是浓缩的社会，做生意不是软磨硬泡，更不是强迫买卖，只有掌握了其中的要诀，生意才能水到渠成。

一、想要生意做得成？为他的耳朵特制话题套餐

“我很骄傲，MUSE 已经成为上海最 POP 的一个酒吧，上海第一就是全中国第一。”

“自己的演艺事业不那么顺畅，没想到生意这条路倒走得通畅些。”在娱乐圈打拼多年后，刘嘉玲在圈内不仅是交际广泛、人缘颇佳的大姐，还是富有经商头脑的老板。4 年前她做起了酒吧生意，在上海经营 MUSE。“酒吧从开张到现在也没发生过什么不好的事情。什么都不重要，最重要的是把形象做好。”令人想不到的是，看似与从商绝缘的老公梁朝伟，却会在酒吧经营方面给她一些很好的建议，“我是被几个朋友带着走的，走着走着也觉得蛮好玩的，学到不一样的东西。我觉得运气很好，酒吧一直在赚钱，还赚到了声誉。”

而且有时候刘嘉玲也会亲自去谈生意，明星的这个光环当然也为刘嘉玲做生意带来了便利，但是刘嘉玲也学会在生意场上圆润的交际技巧。只要说到对方心坎里，那生意一定是十拿九稳。

谈生意是为了什么，那就是为了在谈判中为自己多争取利益，而利益最直接的表现就是“钱”，所以只要是跟钱有关的话题都会有人喜欢听下去。下面就为职场人士展示在谈生意的时候如何说出让对方感兴趣的话题。

1. 金钱

任何省钱和赚钱的方法都会很容易引起客户的兴趣。例如，“王总，

我看你们公司用电量挺大的，是一笔很大的开销，我有一个办法可以让你节省一半电费。”

“李总，我们新生产的机器比你目前的机器速度快、耗电少、更精确，可以大大降低你的生产成本。”

“陈总，你愿意每年在毛巾生产上节约5万元吗？”

2. 真诚的赞美

每个人都喜欢听好话，客户也不例外。因此，赞美就成为接近顾客的好方法。

但是，赞美顾客的时候要准确找出对方值得赞美的地方，不要被人看出来是虚假的吹捧。赞美的话若不真诚，就成为拍马屁，这样效果当然不会好。赞美比拍马屁难，它要先经过思索，不但要有诚意，而且还要选定既定的目标与诚意。

“焦总，您这房子真漂亮。”这句话听起来像拍马屁。

“焦总，您这房子的大厅设计得真别致。”这句话就是赞美了。

在对客户进行赞美之前非常有必要做一下功课。

“林经理，我听鲁美服装厂的华总说，跟您做生意最痛快不过了。他夸赞您是一位热心爽快的人。”

“恭喜您啊，李总，我刚在报纸上看到您的消息，祝贺您当选十大杰出企业家。”

3. 利用好奇心

现代心理学理论认为，好奇是人类行为的基本动机之一。美国杰克逊州立大学刘安彦教授说：“探索与好奇，似乎是一般人的天性，神秘奥妙的事物，往往是大家所熟悉关心的注目对象。”尤其是那些顾客不熟悉、不了解、不知道或与众不同的东西，就越会吸引他们的眼球，推销人员可以利用人人皆有的好奇心来引起顾客的注意。

例如，推销员对顾客说：“李哥，您知道世界上最懒的东西是什么吗？”这时候顾客一定感到迷惑，但也很好奇。

这位推销人员继续说，“就是您藏起来不用的钱。它们本来可以购买我们的空调，让您度过一个凉爽的夏天。”

某地毯推销人员对顾客说：“每天只花一毛六分钱即可使您的卧室铺上地毯。”顾客对此感到惊奇，推销人员接着讲道：“您卧室 12 平方米，我厂地毯价格每平方米为 24.8 元，这样需 297.6 元。我厂地毯可铺用 5 年，每年 365 天，这样平均每天的花费只有一角六分钱。”

推销人员制造神秘气氛，引起对方的好奇，然后在解答疑问时很巧妙地把产品介绍给顾客。

4. 提及有影响的第三人

告诉顾客，是第三者（顾客的亲友）要你来找他的。这是一种迂回战术，因为每个人都有“不看僧面看佛面”的心理，所以大多数人对亲友介绍来的推销人员都很客气。

例如，“何先生，您的好友安平先生让我来找您，他说您可能对我们的印刷机械比较感兴趣，因为这些产品为他的公司带来很多好处与方便。”

打着别人的旗号来推介自己的方法，虽然很管用，但要注意一定要确有其人其事，绝不能自己杜撰，要不然顾客一旦查对起来就要露出马脚了。

为了取信顾客，若能出示引荐人的名片或介绍信，效果更佳。

5. 提出问题

可以向顾客提出一些问题，利用所提的问题来引起顾客的注意和兴趣。

例如，“王厂长，您认为影响贵厂产品质量的主要因素是什么？”产品质量自然是厂长最关心的问题之一，经推销人员这么一问，无疑将引导对方逐步进入面谈。

在运用这一技巧时应该注意，提出的问题应是对方最关心的问题，提问必须明确具体，不可言语不清楚、模棱两可，否则很难引起顾客的注意。

其实在面对面的推销中说好第一句话是十分重要的，顾客听第一句话要比听以后的话认真得多。听完第一句话，许多顾客就会决定是尽快打发推销人员走还是继续谈下去。因此，推销人员要尽快抓住顾客的注意力，才能保证推销访问的顺利进行。

二、生意场上路路通？识君子避小人

张浩是一家公司的策划总监。他在公司真正见识到了什么叫作小人。据他说有一次，上司无缘无故批评了他，他心里觉得特别委屈，于是就跟一位关系不错的同事于明道起了苦水。于明表现出善解人意的样子，一边对他表示理解，一边痛斥这位上司的斑斑劣迹，说得张浩心里暖洋洋的，这时俩人热乎得像是亲兄弟。

然而几天以后，张浩刚刚上班就被上司叫去了办公室，宣布要免去他策划总监的职务，让于明担任。张浩实在想不通上司怎么会作出这种决定，于是他就懊恼地离职了！后来才知道，原来是于明把他们那天谈话的内容添油加醋告诉了上司。

尤其这位上司又恰巧喜欢偏听偏信，于是就决定让于明取代他在公司的位置，这个位置于明已经眼红很久了！在名利与心机面前，友情竟是如此不堪一击！

于明就是一个标准的伪君子，表面上跟人打得火热，好像可以“抛头颅洒热血”，但突然就会“背后一刀”，让人“死”得非常难看。这说明伪君子比真小人更可怕。真小人容易分辨，他们或不讲道理，或刁钻泼辣、蛮横粗暴，赤裸裸的卑鄙无耻，对于这种人有足够的时间事先提防。伪君子就不同了，挂着正派的面具，说话做事挺有“道理”，让人难辨真假，极容易上当受骗。

在这个世界上，庸碌小人并没有什么真才实学，却凭着能把咸鱼说得游水、让死人开口说话的本领，从而春风得意、前途无量。中国有句古话，叫作“学做事必须先学做人”。自古以来，会做事的终究不如会做人的，四处碰壁、历尽坎坷的必定是不懂人情世故的君子；飞黄腾达的则多是左右逢源的人情老手。

可是人们往往就败在那些阴险的小人手上，而且是“糖衣炮弹”，前一秒还处处为人着想，后一秒就开始背后捅刀子，如何应付小人就是一件非常头疼的事。

宁愿跟君子吵得面红耳赤，也不愿与小人和气地拉家常，因为一个人说的每一句话，在小人那里都是一把利器，早晚会伤到他自己。

因此，要想在职场上混，与下面这几种人交往就要提高警惕，对其不可掉以轻心。

1. 阴险的人

阴险的人脸上并没有贴着明显的标志，在很短的时间里不会那么容易就被辨别出来，但是随着时间的推移，一定会露出蛛丝马迹。阴险之人的表现大体有以下几个特点：

（1）喜欢造谣生事

他们会把造谣生事当成自己的家常便饭，并且沉迷其中乐此不疲。甚至为了达到自己的目的，不惜用诽谤别人、诋毁别人的方式来让自己获得乐趣。

（2）喜欢挑拨离间

他们有时候为了达到自己的目的，就会采用挑拨离间的方法破坏同事之间的关系，自己好从中坐收渔利。

（3）擅长拍马奉承

这种人嘴上就像是抹了蜂蜜一样，善于恭维别人，拍马屁，无中生有说别人的坏话。

（4）长着一副势利眼

对那些有权有势的人他们就像苍蝇一样整天跟在人家屁股后面嘘寒问暖，但是一旦有一天对方失势，调离此处或出现问题，他们就会落井下石，迅速抛弃对方，另攀高枝。

2. 吹牛的人

有很多人为了满足自己的虚荣心就妄图通过吹牛抬高自己。喜欢吹牛的人是虚伪的，因为吹牛等同于谎言，然而谎言很快就会被人拆穿。不管在哪里弄虚作假都是长久不了的，最终还是需要真本领。

如果一个人不得不和一个爱吹牛的人打交道，那就先赞同他，并且表示出对他的欣赏。例如，在他的朋友面前称赞他，可以当着他的面说，也可以当他不在时说。或者少说话，就静静听，适时地点头应声。如果不是非要和他交往，那么就尽量与之少接触。

3. 嫉妒心强的人

人们难免都会有羡慕的心理，因为有生活条件好的人，相对就有生活条件不好的人，这种因素就会促使人们产生嫉妒心理。尤其嫉妒心理变得扭曲的时候，犯下滔天大罪都有可能。然而光靠嫉妒和陷害他人也不会得到安宁的生活，最主要的还是要靠自己的本事去奋斗。如果身边有这种嫉妒心理比较重的人，最好在他的面前低调一点儿，免得引起他的不平心理。

4. 不孝的人

俗语说："百善孝为先。"如果一个人连父母都不爱，那他对待朋友的态度也一定不会好到哪里去。尽管现代社会人们的生活压力越来越大，市场意识越来越强，但是父母的亲情总不能用金钱来衡量。

对那些不孝并且不知耻的人，要记住“不孝父母，不堪为友”的说法。因为连自己父母都不孝顺的人，别指望他会对朋友付出真感情，即使对自己目前不错，那也是因为有利可图，迟早有一天会让自己痛悔今日之交。

俗话说：“画猫画虎难画骨，知人知面不知心。”纪晓岚说：“不怕真小人，只畏伪君子。真小人干坏事明枪明刀，伪君子形似忠厚，心里却是阴谋诡计。业镜高悬，亦难照彻。”因此，“远小人，近君子”在哪个年代都是金玉良言。

三、成功概率不大？问得越多越有利

美国某公司与英国一家小型公司进行一项新医疗产品的采购洽谈。当时洽谈结果是由美国公司以每磅 18 美元的价格，每年购买 100 万磅这种新产品。

可是，之后这家英国供货商却拒绝将这项产品专卖美国公司，洽谈一度陷入僵局。为了达成协议，美方不仅保证最低下单数量，还同意加价，但对方仍然不同意。

无奈之下，美国公司只得派公司的谈判高手克里斯出马。克里斯听取了双方的意见之后，向供货商提出了一个非常简单的问题：“为什么您不愿意独家提供呢？”原来供货商与自己的堂兄早已有协议，每年堂兄向他购买 300 磅产品主成分，以制造在当地出售的另一产品。

获得了这条新信息，美国公司立即提议，由供货商为这家美国公司独家提供这项产品，但供货商堂兄所需的小额产品例外。双方都得偿所愿，愉快地签下合约。

真正促使生意做成的，并不是双方的高谈阔论，而是双方的合作。在洽谈时，多问几个“为什么”能了解到对手的最低要求或最大希望，我们可以借此来找出共同的立场，寻求双赢的解决办法。

谈生意时越是滔滔不绝，底细就会暴露得越多，获得成功的概率就会越小。在谈判过程中，尽量少说多问，以便更多了解对方的真实意图，进而掌握主动权。例如，“您公司中意什么样的产品”“您希望我们提供哪些技术服务”“先生，您最想拥有什么功能的手机”“女士，这件衣服您偏爱哪一种颜色”。

“问”是所有谈判、销售活动极其重要的技巧，能帮助你收集很多信息。

1. 问什么

在谈判之前，我们需要通过多提问，去了解我们要面对的客户或者公司。问什么呢？例如，客户的出生地、求学经历、工作经历、创业历程、个性、家庭等。

日本“推销之神”原一平先生也非常善于在谈生意之前通过询问去获取客户的信息，他曾经通过多方面的询问获得了一位偶遇老人的各种信息，并最终通过这些争取到这个大客户。越是了解和掌握对方的信息和意向，相信对方越是容易被说服。

2. 问为什么

除了“什么”，我们还应该多问几个“为什么”，尤其是在正式的谈判中。可能大部分生意人都认为，向对手提问的目的，在于找出对方要些什么，然后设计一项让对方认为可以接受的协议或条件。但是谈判高手会告诉你，比“对方要什么”更为关键的问题是找出“对方为什么要它”。而问“为什么”恰巧能让我们发掘出对方潜在的需求或立场背后的利益。

当然，不是每一件事都要问“什么”“为什么”的，问问题时要尽量做到恰当又触及实质才能得到我们所需要的东西。在销售时，一味地询问有时会引起顾客的反感，成交率反而降低。因此，导购或促销人员要在询问过程中加入推荐，这样不但不会导致顾客乏味，还能进一步掌握顾客的真实需求。

简言之，若一上谈判桌就只顾发表自己的主张，而不询问对方的要求是不行的。任何一个说服客户的过程中，有效的结果大都不是来自于“说”，而是在于“问”。精明的生意人应该牢牢握住“多问”这把利器。

四、怕招不来客户？言语诚信客自来

有一天，纪天的汽车维修店来了一位顾客，他自称是某公司的汽车司机。在店内打量一番后，他对纪天说：“一会儿在我的账单上多写点零件，向公司报销后有你一份好处。”不料，纪天却拒绝了，顾客见状继续纠缠说：“我的生意不算小，以后会常来的，你肯定能赚很多钱！”纪天告诉他：“你这是欺骗，我无论如何都不会做的。”顾客气急败坏地嚷道：“谁都会这么干，我看你是太傻了，放着这么好的生意不做。”纪天生气地说道：“你还是离开吧，不要在我这里浪费时间了，你还是到别处去谈这种生意吧。”

出人意料的是，这位顾客并不生气，反而笑着握住了纪天的手说：“我就是运输公司的老板，我一直在寻找一个固定的、讲诚信的维修店，你还让我到哪里去谈这笔生意呢？”

纪天对客户给出的好处不心动，不被其所迷惑，这正是诚信的表现，而这种珍贵的品质也打动了这位客户。作为一名优秀的工作人员，一切都源于诚信。诚信问题受到全社会的关注，要想打动客户，赢得客户的信赖，我们必须在诚信上下功夫。

子曰："人而无信，不知其可也。"一个人若是不讲诚信，就无法在社会上立足，就什么事情都做不成。在现代社会中，商人在签订合约的时候，都希望对方能够信守承诺。而在商业活动中，诚信更成为最佳的竞争手段，可以说它是经济的灵魂。对顾客讲诚信并不是说说而已，而是需要落实到实际行动上。有的人满口诚信，但却总是以利益为主，以自私和贪婪玩弄诚信。殊不知，一旦顾客识破你那所谓的"诚信"，之前对你的好感也会土崩瓦解。

1. 不欺骗顾客

蔡元培说："诚字之意，就是不欺人，亦不可为人所欺。"但是许多人为了能够提升业绩，不惜编织谎言，吹嘘产品如何如何的好，客户在不察觉间上当了，等到真正将产品买回家，才发现受骗了。如此对待客户，或许你只会糊弄那些粗心大意的客户，而且也只是暂时的。从长远来说，你失去了客户对你的信任，也就失去整个市场。

2. 信守承诺

许多人在销售产品的时候，常常为了迷惑客户购买产品，轻易许下诺言："你若是买了这款空调，我们将送你一份大礼。"谁料，等到客户真的买下空调之后，才发现根本没有什么大礼。即使客户不能对你怎么样，但他会对外宣传该商家的不诚信，从而让你失去更多的客户。所以对客户要说话算数，千万不要开一些空头支票，否则诚信出了问题就很难以弥补了。

3. 以诚待客

俗话说得好："诚信是最好的公共关系政策。"只要我们能以诚待客，方能达到客户迎门的目的。徽州商人吴南坡说："人宁贸诈，吾宁贸信，终不以五尺童子而饰价为欺。"由于他所出售的南破布货真价实，深受顾客的信任。如何诚信经商？我们需要做到以诚待客、货真价实、公平买卖、信守合同、不做假账等。

五、想要不碰钉子？说话多绕圈子

著名体育评论员黄健翔曾受命采访荷兰球星古力特，但是刚一开始交谈，对方就直截了当地拒绝说："对不起，我不接受记者的采访。"

还没开始路就被封死，然而黄健翔没有退却，他面带微笑说："您误会了，我不是想采访您。我只是想向您祝福，您看我手中这摞信，都是喜欢您的球迷写给您的，这些信内容虽然各不相同，但都表达了一个意思，就是向您祝福。"

看着黄健翔手中的信，古力特动容地说："哦，谢谢，中国球迷真是让我感动！"黄健翔不失时机地说："那么，我能不能代表中国球迷问您几个问题？"古力特爽快地点头道："当然可以。"至此，采访在不知不觉中就已经开始。

在古力特拒绝采访的情况下，黄健翔选择"兜圈子"的技巧，否认自己是采访，而是变换为球迷的提问，绕开了对方不愿触及的话题。转过了山路十八道弯，再回到起点，顺利地达到自己的目的。

其实在语言沟通的过程中，离不开委婉的说话方式，委婉是一种颇有奇效的黏合剂。委婉是用一种比较坦诚开放的沟通态度来对待对方的方式，同时也顾及到尊重他人的感受，不增加无谓的伤害。因此，会说委婉话也是一个说话高手。

1. 智者委婉含蓄，愚人口无遮拦

善于委婉地表达自己的见解是一种说话的艺术。委婉含蓄的表达方式比口无遮拦、直截了当地说更能体现一个人的语言修养。直言不讳、开门见山虽然让人很容易理解，但是却会给人太大的刺激，也很容易伤害到对方的自尊心。

例如，一位导购在向顾客介绍衣服的时候，经常会说："你的脸盘比较大，适合穿××的领子，你的臀部长得不规范，适合穿××的下装。"如果导购选择上面两种说法，那么顾客一定就会掉头就走。

例如，导购这么说："你是不是觉得你穿上这种领型的衬衫会更漂亮？""这种强调颈部和夸张肩部的设计对平衡上下身的围度比例将会起到很好的调节作用，使整体匀称又不失成熟美"，那么顾客一定觉得服务员是在为对方真心地作参考。虽然两种说法的意思是一样的，但是后者委婉而又礼貌，并且得体，让人听起来也更加轻松自在、心情舒畅，也更容易让人接受。

委婉含蓄的语言不仅既是劝说他人的法宝，又可以适应人们心理上的自尊感，容易产生赞同。委婉含蓄的语言就是一个人成熟、稳重的表现。中国人讲究曲径通幽的含蓄美，虽然它和条条大路通罗马是一个意思，但一比较就会有明显的差别，而智者往往说话都是委婉含蓄。

例如，在一次聊天聚会上某君向一位女性询问其年龄，另外一位反驳说一般年龄是女性秘密，若想知道，可以先旁敲侧击提问一些试探性问题再去判断。某君给另一人的定论是圆滑，实际上如果不圆滑，直截了当问女士的年龄一定会让女士反感。

2. 直话易伤人，何不绕个弯

在职场中，直爽的说话个性是一把双刃剑，既会伤害自己又会伤到别人。虽然喜欢有话直说的人都是没有心机的人，但是，言语的爆发力和杀伤力都很强，那么这种个性的人难免就会被人当枪使。因此，在职场中与人说话的时候最好不要直言指出他人处事不当的地方，或是妄图纠正他人在性格上的弱点。

因为事实证明，这种表现不是爱之深责之切，而是故意让他难堪。

每个人的内心都有一个堡垒，用来把自我缩藏在里面。往往一个人的直言直语就会攻破对方的心理防线，把人家从里面揪出来。因此，能不讲就不要讲，要讲就拐个弯点到为止。

在跟别人交谈的时候，可能会有一些让人不便、不忍或者语境不允许直说的话题内容，这个时候就要将“辞锋”隐遁，或者把“棱角”磨圆一些，让语境软化一些，好让听者更容易接受。

3．有时谎言也是一种美

谎言，从表面上来讲就是“不真实的话”。自古至今，人们都非常反感谎言，以至于受到人们的唾弃与蔑视。因此，在生活中只要一提到谎言，人们自然而然就把它等同于小人、骗子的行径。

在小的时候父母总是教育我们要做一个诚实的孩子，千万不要说谎。因此人人都想做一个诚实的人；人人都想远离谎言。毋庸置疑，这是应该的。但是，从某种意义上来讲，在诚实这个家族中也有解决不了的问题，而谎言在这个时候即可非常完美地解决。在当今大力倡导诚信的社会中，有时谎言不可或缺，而且在发挥它不可替代的重要作用。

中央电视台曾经播放过一个故事，叫作“说谎一家人”。一个小伙得了肾衰竭，需要换肾才能挽救他的性命，按照家里人的计划本来是要换母亲的肾给他，可是母亲的肾不合格，然而只有年迈多病的大姐的肾合格，如果被这个小伙知道肯定不会同意。但是，为了挽救这个青年的生命，全家人开始有计划的说谎，共同欺骗他。

其实，由于手术时间推迟一天，加上 3 天没见大姐的面等情况，聪明的男士早已经知道了事情的真相，为了不让大家伤心，他也是用谎言应付大家，假装不知。直到最后康复出院才真相大白。这样的谎言不美丽吗？它体现了多么美的人间真情啊！

癌症是一个令人闻之吓破胆的名词，据一位外国专家研究表明：癌症并不是不治之症，绝大多数的癌症患者都是自己把自己吓死的。君不见，在亲人身患癌症时，有几人能向病人说实话，恐怕都在重复着谎言吧！

此时谎言的作用是任何一句诚实的话语也无法替代的。其实，几乎所有的人有时为了消除误会，减少不必要的麻烦，都曾经说过善意的谎言。只要一个人的出发点正确，善良真诚，说几句善意的谎言也是无可厚非的。

六、想给自己留余地？说话做事别太“绝对”

每个人都有自己独特的表达方式，常常就会有一些口头禅。比如小S就会经常把“绝对不”挂在嘴边，用来强调自己的决心，顺便提高一些言论的不容置疑性。

其实别看小S平时伶牙俐齿，遇到感情的问题时，还是表现得很脆弱，只不过她最常说：“我绝对不……”之类的句子，就会让别人误以为她真的很坚强。

有一段时间，小S和男朋友分手了，感情处于空窗期，就常去找姐妹们陪自己，谈天说地。可是有一次，大家一边喝酒一边聊天，聊到一半时她突然哭了。姐妹们不知道她又发生了什么状况，都赶忙安慰她。她却说：“梅艳芳死了，很替她难过。”你看，到了这种时候她仍然故作坚强，为自己的痛苦找一个台阶下。

看到小S每天这样，徐妈妈也很担心，她生怕小S随便就交一个男朋友，告别单身，于是就威胁她说：“徐熙娣，你要谈恋爱可以，可别给我结婚生子，尤其是未婚生子，我可没那么开明，我是会不认你的！”

小 S 则一脸无辜地说："谁要结婚生子啊？我连男朋友都懒得交，单身多自由啊！干吗找一个人来控制自己？婚姻根本就是一件很变态的事情，每天起床看同一个男人到老，不是很恶心吗？而且男人除了会搞外遇还会干吗？搞不懂那些搞外遇的人干吗结婚，那么想乱搞，就单身好好地搞啊，为什么要结婚伤害别人？而且我最讨厌小孩儿了，跟他们真的没话聊，每次问完'你最喜欢看什么卡通'，后面就词穷，加上他们根本也不会回答，整个场面真的很僵，假笑到法令纹都酸了。我'绝对不'可能去结婚生子！"

然而就是这个说着"绝对不"结婚生小孩的小 S 居然已经是 3 个孩子的妈妈了，虽然小 S 说话没有给自己留余地，给别人一种出尔反尔的印象，但小 S 一向就利用自己撒娇的方式一带而过。

然而在职场中这种撒娇、耍赖的方式是行不通的，只要出现一次说话不算数的事情，那么人们对他的信任指数就会迅速下滑，下次还有没有合作的机会都未可知。

在职场中与人谈话的时候，我们要谨记给自己留余地，使自己可进可退，这好比在战场上一样，进可攻、退可守，这样才会有坚固的后方，而且就算主动出击也不会无所准备，仍然处于主动地位。虽说未必就是战无不胜，但也不会出现一败涂地的现象。

在谈话的时候给自己留余地，就要注意以下几点：

1．话不要说过了头，违背常情常理

每件事情都有它存在的道理，同样每个人也有自己的道德准则。如果说话的时候违背了常情常理，那么就会给别人留下口舌。所以在与人交谈的时候千万不要说过头话，违背了常情常理。

我们上学的时候，曾经有推销人员到宿舍推销袜子。两个推销人员却采取了不同的推销策略。第一位推销人员为了表明袜子的韧性大和透气性好，于是随手拿起一只袜子对我们说："来帮一下忙，拿住袜子一端，使劲儿拉。"说着，她就和我的舍友开始使劲拉，袜子的韧性的确很好。紧接着她又随手拿起一根长长的针，在拉得绷直的袜子上来回划动，袜子也没有损伤说："看一看，这种袜子不易抽丝。"

她又拿起打火机，在袜子下面轻快晃动，火苗穿过袜子，而袜子也未受到损伤。在看过她的表演以后，我的舍友拿起一根针，只是随便一划就在袜子上划了一个洞，原来顺着袜子的纹理划不易划破，并不是划不破。看我们还要用打火机烧，这个推销人员急了说："袜子并不是烧不着，我只是证明它的透气性好。"最后大家终于明白是怎么回事，袜子的质量没有的说，但当时气氛明显地影响了我们的消费情绪。

然而第二位推销人员，也是跟第一位一样一边说一边演示，不过她的介绍还是比较科学的。她是这样说的："当然，任何事物都有它的科学性，袜子怎么会烧不着呢？我只是证明它的透气性好，它也并不是穿不破，就是钢也会磨损的。"这番介绍没有给天性爱挑刺的舍友留下可乘之机。接下来，他一边给大家传看袜子，一边讲解促销的优惠价格，销售效果明显好于前一位推销人员。

2. 话不要说得太绝对

人们对于绝对的东西，总会在心理上有一种排斥感。例如，当一个人斩钉截铁地说："事实完全就是这样的。"此时别人心里会想："难道一点也不差？"

如果我们连自己都还没有彻底弄清楚事情的原委，或者仅代表个人看法，就不要用那些表示绝对的字眼，那样会因为我们的绝对化而引起他人的怀疑，甚至引起他人的反感。

听到一个人说得太绝对，有些人会想："真是那样？我不相信。"甚至会说："我讨厌这样的人。"例如，两个陌生人第一次见面，闲聊之间谈起了大家都关注的问题：道德与法制的关系。

其中一个人说："这个问题只是智者见智、仁者见仁的问题。"而另一个人接着说："在这个社会必须讲法制，用不着讲道德。"从后来他的谈话来看，他的意思是说，现在的社会人心不古，只讲道德对有些人是没有用的,因此必须用法制来解决问题。

但他的话过于绝对，引起对方的不满，对方立即反驳他："社会不讲道德是不行的。"他只好把自己的话又解释了一遍。

因此，在谈话时尽管我们绝对有把握，也不要把话说得过于绝对，绝对的东西容易引起他人挑刺。而现实是，如果对方有意反感，还真能挑出刺来。

与其给别人一个挑刺的借口，不如把话说得委婉一点儿。同时，如果我们不把话说得绝对，还可以在更为广阔的空间与对方周旋。

七、想要做个慧眼识珠的聪明人？不要输掉最关键的棋子

"打蛇打七寸"，抓住关键，这是每一个职场人士的生存之道。一个成天弄不清楚状况的人，想来也不会有什么大作为。聪明人会把一切看在眼里、记在心上。老板是升职局里最关键的棋子，那么要如何才能不输掉这一局呢?

1. 维护老板的利益

对职场人士来说，必须认清谁才是自己升职路上的主导者。职场中有一条金科玉律：给你发薪水的那个人永远是正确的。人世间没有无缘无故的爱，也没有无缘无故的恨。老板也不会平白无故地给一个人升职。老板有其自己的理由和依据，所以要维护老板的利益。

老板的利益非常广泛，包括很多方面的内容。作为公司的员工要能够帮助老板解决企业所面临的各种问题，解决企业的困难。

老板是公司里的掌舵人，他对本公司员工的表现和态度是非常敏感

的。为了达到升职加薪的目的，职员就要使自己的一切行为都符合老板的利益，这是尤其重要的。

如果一个职员的某一个行为损害了老板的利益，哪怕一次无意的损害，都会使老板感到厌恶，他绝对不会对这个职员有好感，从而使这个职员失去升职和加薪的机会。

2. 保守老板的“秘密”

每个人都有各自的活法，每个人也有各自的难处，如果职员不小心发现了老板不可告人的秘密，那么最好的做法就是保持沉默，装聋作哑，宁可把话全烂在心里也绝对不能说出去。

许多人都在为得知老板的“秘密”四处打听，觉得如果知道老板的一些小秘密，即可和老板拉上关系。但是，有可能这些“秘密”正是导致一个职员永远不能升职的原因。既然是“秘密”，当然知道的人越少越好，千万别去探问老板的隐私。

老板面对工作时会感到心情压抑，家庭生活也会产生这样那样的矛盾。如果职员毫不客气地探问其隐私，甚至为其出谋划策，那就大错特错了。即使老板在最脆弱的时候，也只是需要适度的关心而已。

如果职员不小心撞到了老板的秘密，装傻是唯一明哲保身的办法。有时候知道的事情太多反而是一件坏事，尤其是关于老板隐私方面的话题，职员一旦知道千万不能透露出去，否则就要大祸临头。而如果能及时替老板掩饰其“短处”，则有可能被对方引为知己，收到意想不到的回报。

3. 得到老板由衷的赏识

尽管许多老板都喜欢下级讨好奉承，但他们更喜欢那种脚踏实地、埋头苦干的人。如果把老板安排的每一件小事情都办得妥帖，然后再说几句老板爱听的话，比起那些只说不做的人，老板一定会对这个人另眼相看。

记住，如果一个职员总是迎着老板的目光，从不躲躲闪闪；坦率与之交换看法，不隐瞒不夸大；从不议论其隐私，并尽自己所能努力工作，争取成为其最佳的部下，那么，这个人的老板便没有什么道理不喜欢、不赏识他。

不管用什么方式，只要能得到老板的好感，都是可取的。虽然说讨得老板欢心，自己对前途未必放心，但如果不讨老板欢心，那么对自己的前途肯定不会放心，这是一条放之四海而皆准的道理，任何情况下都不会失灵。

不管是升职还是加薪，最后拍板的人还是老板。由此可见，职场棋局无论摆出什么阵形，老板还是其中最关键的棋子。

八、如何才不落俗套？选好礼物敲开对方的心门

有个人去医院看望病人，带去一袋苹果以示慰问。哪知引出了麻烦，正巧那位病人是上海人，上海人叫“苹果”与“病故”二字发音相同。送去苹果岂不是咒人家病故，由于送礼人不了解情况，弄得不欢而散。有鉴于此，送礼时一定要考虑周全，以免节外生枝。

送礼也是非常有讲究的，送给谁、送什么、怎么送都很有奥妙，决不能随意送。赠送礼品不是为了满足对方的欲望，也不是为了显示自己的富有，而是为了表示对对方的尊敬、祝贺、感谢和慰问的心意。所以送礼不以价值见长，也不以数量取胜，主要在于赠送礼品的意图，在于所发情感的真挚。

1. 了解风俗禁忌

在送礼前，我们要充分了解对方的身份、爱好及风俗习惯，以免送礼送出麻烦来。有的物品在这个地区很受欢迎，而在另外一个地区则可能不受欢迎。

例如，不要送钟，因为“钟”与“终”谐音，让人觉得不吉利；对于文化素养高的知识分子你送去一幅蹩脚的书画就很没趣；给伊斯兰教徒送去有猪的形象做装饰图案的礼品，可能会让人轰出来。

2. 礼物轻重要得当

一般来说，礼物太轻且意义不大容易让人误解为瞧不起他，尤其是对关系不算亲密的人。而且如果礼太轻而想求别人办的事情难度较大，成功的可能几乎为零。

但是礼物太贵重，又会使接受礼物的人有受贿之嫌，特别是对上级、同事更应该注意。除了某些爱占便宜又胆子特大的人之外，一般人就很可能婉言谢绝，或即使收下也会付钱，要不就日后必定设法还礼，这样岂不是强迫人家消费吗？如果对方拒收，你钱已经花出留着无用，便会生出许多烦恼，就像平常人们常说的：“花钱找罪受”，何苦呢？所以礼物的轻重选择以对方能够愉快接受为尺度，争取做到少花钱多办事、多花钱办好事。

有时贵重礼品非但不合时宜，而且还可能伤害对方的自尊心。

20 世纪 60 年代，联邦德国总统 H・吕布克出访马达加斯加期间，在盛大欢迎仪式即将结束时，吕布克向主人赠送了一台联邦德国生产的彩色电视机。客人向欢迎人群宣布了这一消息，但礼物引来的不是欢呼和喜悦，而是不满和仇恨。

原来当时马达加斯加还没有建立电视台，黑白电视机尚无用武之地，更何况彩电。马达加斯加人民感到受了莫大的侮辱。在他们看来，这件昂贵的礼物，正是暗示着自己国家经济上的落后。

3. 送礼间隔要适宜

送礼的时间间隔也很有讲究，过于频繁或是间隔过长都不合适。

如果送礼者经常大包小包地送上门，自认为这样大方一定会博得对方好感。可是细想并非如此，这样会让对方觉得你目的性太强，从而产生反感。

另外，礼尚往来，人家还必须还情于你。一般来说，以选择重要节日、喜庆、寿诞送礼为宜，送礼的既不显得突兀虚套，收礼的收着也心安理得，两全其美。

4. 礼品要有意义

赠送的礼品是本人情感的载体，表示着送礼人特有的心意，或酬谢、或求人、或联络感情等。所以选择的礼品必须与你的心意相符，并使受礼者觉得你的礼物非同寻常，倍感珍贵。

其实，最好的礼品应该是根据对方兴趣爱好选择的，富有意义、耐人寻味、品质不凡却不显山露水的礼品。因此，选择礼物时要考虑它的思想性、艺术性、趣味性、纪念性等多方面的因素，力求别出心裁、不落俗套。

5. 注重品质包装

礼品要注意品质质量：选购礼品时固然要节约，但也不要贪图便宜而购买低等级产品和处理产品，礼品赠送前应当逐一加以检查。

礼品要注意包装：这不仅是提高物品附加值的需要，也是礼仪的需要。切不要用我们过去陈旧的观念理解包装，礼品要用花色彩色纸等礼品纸包装。即使礼品本身有盒子，也要另加包装，有的还可以用各式彩带系结，以增加美感。

我们也要注意礼品的体积、重量和坚固性。庞大和脆弱的礼品不便携带，会使收礼人受罪难堪。所以礼品宜小不宜大，宜轻不宜重。

第十章

CHAPTER 10

尴尬情境实战：别因不懂礼仪而难化解

生活中，意外总是无处不在的，冷静处理遇到的窘境会考验你是否拥有大将的风范，是否可统领全局。如果出现窘境你先自乱阵脚，那么在职场中就不会有多大的作为，作为一名出色的白领，首先要掌握的要诀就是临危不惧。面对尴尬的情境，别让不懂礼仪使自己乱了阵脚！

一、对方不愿跟你握手？若无其事地收回来

有一次，我跟随领导出去见一位客户，对方是一名女性。刚一见面即可感觉到这个人非常骄傲。可是出于职场礼仪，我还是伸出手与她握手，当时很多人都在场，可她居然当作没看见，就直接从我身边走过去，直接跟我的领导去握手，或许是觉得我的“分量”不够与她握手吧！当时我的脸立马就红了，领导拍了拍我的肩膀表示安慰。

在职场中我们难免会遇到这种自以为了不起、从而拒绝与人握手的人，仿佛让他与别人握手是对他的一种侮辱。也或许因为对方真的没有看到，又或许他来自另外一个国家，那里的风俗习惯不同；或者那人害怕细菌（不是针对某一个人，而是针对所有的人）。

假如一个人发现对方显然不是很健康，他就会担心与这人握手是否会有害于自己的健康，但也要伸出手去，否则就会破坏两人之间潜在的重要关系。如果必须与某人握手，那么握手以后尽量不要用手去碰脸，尽快不露痕迹地离开，到洗手间洗手。

如果一个人真的伸出双手，对方拒绝与他握手的时候，不妨若无其事地收回来，去摸一下头，改善尴尬的气氛，有时候幽默是最好的解决尴尬的方法。

如果对方不肯与自己握手，这时不想陷入一种尴尬的气氛，即可幽默大方一点，不妨这样说：

“呵呵，可能是我长得太像她的偶像了，她一时间没缓过来。”（对着自己的朋友说）

“哎呀，美女，你怎么知道我手上有一丝泥土的？你真爱干净！”

反正在这种时候尽快把气氛扭转过来就行。因为这种尴尬的气氛会影响接下来的合作，若不想失去这个单子，就要临场发挥，获得对方的好感。

二、没人介绍你？来个脱俗的自我介绍

我的高中同学蕊丽因为个子长得比较娇小，而且平时也总是沉默寡言，所以上学的时候跟我们基本上没有过多的交流。转眼毕业已经很多年了，高中同学就想聚一聚，看看曾经熟悉的同学都在做什么，于是这场同学会就成功举行了。

聚会那天大家都按时到达，只有我们班班长因为出差迟到了。那天班长居然带着自己的老公参加了聚会，大家就开始起哄让班长给大家介绍一下。班长将每个人都做了介绍，唯独忘记介绍蕊丽了。没想到这时候蕊丽面带微笑走到大家面前说：“班长，不能因为我这娇小的体型，你就把我给忘了吧？”然后非常大方地跟班长老公打招呼做自我介绍。

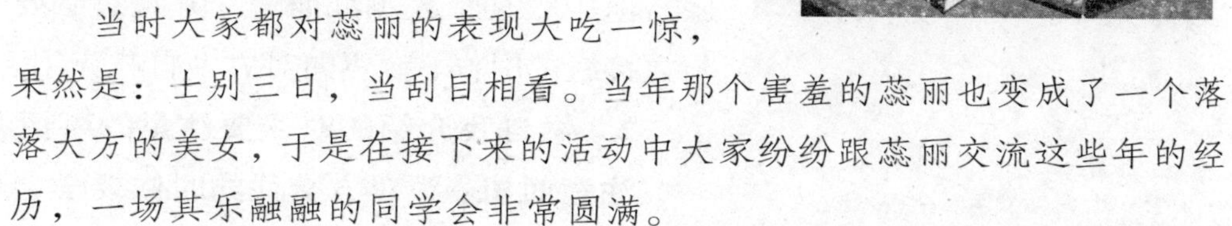

当时大家都对蕊丽的表现大吃一惊，果然是：士别三日，当刮目相看。当年那个害羞的蕊丽也变成了一个落落大方的美女，于是在接下来的活动中大家纷纷跟蕊丽交流这些年的经历，一场其乐融融的同学会非常圆满。

其实在职场中大家被人忽视，忘记被介绍的时候也有很多，那么这时考验的就是我们的应变能力，没有人介绍自己，那么就要自己来做自我介绍。

在商务活动中如何给人留下一个美好的印象，自我介绍就是其中一项重要的技能。

自我介绍顾名思义就是把自己介绍给他人。一个人可以把自己用风趣幽默、简洁的语言包装一下，然后再向听众推销，让陌生人认识自己，熟悉自己的人更了解自己。自我介绍就是包装和推销自己，然后赢得他人的信任和好感。

在做自我介绍的时候一定要注意真实简洁、清晰流畅、坦率自信。在这个“自我推销”中，包含了很多关于自己的信息及接下来谈话的相关内容。

如果一个人在做自我介绍的时候夸夸其谈，肯定第一印象就被打了折扣，不仅不会收到良好的效果，反而会给对方留下一个浮夸的感觉。相反，谦逊、随和的自我介绍却能赢得听者的尊敬与信任，尤其是向那些地位较高者或权威人士做自我介绍的时候需要特别留意。否则，很可能就会让听者觉得自己徒有其名，以至于产生一种不好的第一印象。

在做自我介绍的时候，也要讲究礼仪。

1. 把握作自我介绍的时机

那么，在什么样的场合下需要做自我介绍呢？例如，在相处的时候有陌生人在场、不相识的人对自己感兴趣或者不相识的人要求自己做自我介绍。当一个人有求于别人的时候，一方对另一方不了解，在旅行途中跟某个人不期而遇，并且有必要与之接触的时候，就要向对方做自我介绍。

2. 做自我介绍的时候要注意的事情

注意时机：跟对方交往的时候要学会抓住时机，当对方有空闲或者心情好的时候，又有兴趣的时候，就是做自我介绍最好的时机，既不会打扰到对方，又可以收到良好的效果。

说话的态度：跟人说话的时候态度一定要亲善、自然、随和，并且要镇定自信、落落大方、彬彬有礼，千万不要虚张声势、轻浮夸张。要表现出渴望认识对方的真诚情感。任何人被他人重视都会表现得非常荣幸，如果一方态度热忱，另一方也会态度热忱。

另外，语气要自然，语速把握正常节奏，作自我介绍的时候一定要潇洒大方，有助于给人好感；如果，一个人流露出畏怯和紧张，讲话结结巴巴，目光不定，一定会被别人轻视，彼此间的沟通在一开始就会有阻隔。

注意时间：在做自我介绍的时候注意简洁大方，尽可能节省大家的时间，半分钟就好，不要超过 1 分钟，不然就会显得啰唆拖沓。同时，还可以递上名片、介绍信等方式加以辅助。

注意内容：自我介绍的内容包括三项基本要素：名字、所在的单位及具体担任的职务和具体工作的时间。在做介绍的时候要一气连续报出，这样既有助于给人一种干练的印象，还可以节省时间。

注意方法：自我介绍的方法也是非常重要的。首先，应该先向对方点头示意，得到回应以后再做自我介绍。要善于用眼神来表达自己的友善，表达自己的关心及渴望沟通的意愿。如果想要认识某个人，最好事先了解对方的基本情况，例如，兴趣、爱好等。这样在自我介绍的时候，可以与对方有更多的话题交流。

3. 自我介绍应用的一些形式

工作式：这种方式主要适用于工作场合，主要介绍本人的姓名、供职单位及其部门、职务或从事的具体工作等，例如，“你好，我是××。”或者“你好，我叫××。”

交流式：一般适用于社交场合，希望可以和对方进一步地交流与沟通。它大体包括介绍者的姓名、工作、籍贯、学历、兴趣与交往对象的某些熟人的关系。例如，“你好，我叫××，在××工作，是××的同学，很高兴认识你。”

应酬式：这种方式适用于公共场合和一般性的社交场合中，这种自我介绍要求简洁为主，往往只包括姓名一项即可，“你好，我叫××。”或者“你好，我是××。”

礼仪式：一般应用在讲座、报告、演出、庆典等一些比较正规而隆重的场合中，包括姓名、单位、职务等，同时还可以加入一些适当的谦辞、敬辞。例如，“你好，我叫××，是××学校的学生。我代表学校全体学生欢迎大家光临我校，希望大家……”

问答式：这种主要用于应试、应聘和公务交往中。问答式的介绍，应该是有问有答，问什么答什么。

另外，准备自我介绍的时候，最好事先写出一篇有关自我介绍的底稿，然后对着镜子练习，吐字清楚，直到自己满意为止。

三、受到对方冷遇？以有礼回报无礼

保罗去探望一位多年不见的老同学。如今这位同学已经是商界赫赫有名的人物，每天都有许多人来拜访，他感到很疲劳，所以对关系一般的人一律不冷不热的接待。

保罗本以为会受到热情的款待，不料对方却不冷不热。保罗心里顿时有一种被轻视的感觉，认为老同学太不够朋友，小坐片刻便借故离去。他有点接受不了同学的怠慢，决心再不与之交往。后来才知道，这是此人在家待客的一贯做法，并非针对哪个人。他再一想，自己并未与人家有过深交，感觉被冷落不过是自己的期望值太高罢了。于是改变了想法，并主动与之交往，反而加深了彼此的了解，也成为知心好友。

生活中经常发生这种情况，在求人办事之前以为对方会热情接待，可是去了以后却发觉，对方并没有这样做，这时心里不免会产生失落感。

这种冷遇是对彼此关系估计过高，期望值太高而形成的。这种冷遇是被感觉放大之后的冷遇，是自我感觉所制造的假相，而非真受冷“遇”。如果遇到这种情况，应该重新审视自己的期望值，使之适应彼此关系的客观水平。这样会使自己的心理恢复平静，心安理得，除去不必要的烦恼。

因此，在人际交往中我们要辨别出是真冷遇还是假冷遇，并采取相应对策。

1. 假冷遇：主人的疏忽

王朗开车送朋友去做客，结果主人热情地把朋友迎了进去，却把王朗给忘了。开始王朗还有些生气，但是转念一想，在这样闹哄哄的场合，主人疏忽自己也是情有可原，并不是故意看低自己，冷落自己。这样一想也就不生气了，悄悄地开车上街去吃饭了。

等主人想起王朗时，他已经吃过饭并将车停在门外了。主人过意不去，一再道歉。见状王朗连说自己不习惯大场合，且肠胃不好，不能喝酒。事后，主人为了表示歉意专门请王朗来家做客，从此两人也成为好朋友。

在一些热闹的场合，人多事杂，主人难免有照顾不周的地方。特别是各类、各层次人员同席时，出现顾此失彼的情况是常见的，这时被忽略的人就会产生被冷落的感觉。当我们遇到这种情况时，千万不要责怪对方，更不应拂袖而去，而应该设身处地地为对方着想，给予充分的理由和体谅。这种态度比责备的效果强很多，还能感召对方改变态度，用实际行动纠正过失，使彼此关系得到发展。

2. 真冷遇：蓄意为之

有一天，杰夫受邀去参加宴会。但是他走进门后，看到穿着旧衣服的他，没人理睬，更没人给他安排座位。于是，他回到家里把最好的衣服穿起来，又回到宴会上。主人马上走过来迎接他，并且安排了一个好位子为他摆上最好的菜。

杰夫把他的外套脱下来，放在餐桌上说："外衣，吃吧。"

主人感到奇怪问："你干什么？"

他答道："我在招待我的外衣吃东西，你们的这酒和菜不是给衣服吃的吗？"

主人的脸刷地红了。杰夫巧妙地把窘迫还给了冷落他的主人。

生活中的一些冷遇也可能是蓄意的，对方是存心怠慢，使人难堪。面对有意性冷遇，要视具体情况给予恰当处理。一般而言，当众给来宾冷遇是一种不礼貌的行为，而有意冷落客人那就是修养问题。

在这种难堪的情况下，客人要采取必要的回应，既是维护自尊的需要，也是回击对方、批判错误的正当做法。当然，回应并不一定非得是面对面地对骂不可，理智的回敬是最理想的方法。

当然，也有比较缓和的做法，就是对有意冷落自己的行为持满不在乎的态度，以此自我解脱。有时候对方冷落你是为了激怒你，使你远离他，而远离又不是你的意愿和选择。这时聪明的人会采取不在意的态度，"厚脸皮"地面对冷落，我行我素，以热报冷，以有礼对无礼，从而使对方改变态度。

四、握好"护心符"，巧妙应对他人奚落

《壹周立波秀》因为周立波的一张名嘴，火遍了大江南北。但是周立波也因为能言善道常常"嘴上不饶人"，近年没少跟圈里圈外的人掐过架，每次都轰轰烈烈、段子频出，让看客们印象深刻，被网友封为当之无愧的"掐架王"。

就在《舞出我人生》节目中，《快乐大本营》的主持人杜海涛身穿一袭极具传统特色的"太极装"与舞伴黄腾演绎了一段迈克尔·杰克逊的经典舞蹈。由于杜海涛的舞蹈搞怪，周立波也是极尽调侃："你这是在娱

乐观众还是愚弄观众？”另外，由于舞伴黄腾的口头表达能力有限，周立波示意杜海涛帮忙，于是杜海涛马上接嘴说：“好的，我总结一下。”却立即遭到周立波的反驳：“不，你是小结”，谁料还没等杜海涛开口“小结”，周立波又补上一句，“小台来的就是这样”，此言一出，引发全场哗然，更令台上的杜海涛尴尬不已。

可见不管在什么时候任何人都避免不了被人奚落，就算是杜海涛也避免不了这样的场面。我们在社交场合，更会被人有意无意地抢白、奚落、挖苦、讥讽，这时候该怎么办？保持冷静，用语言当作“护心符”，筑起一道防卫的屏障。这时就要随机应变，充分调动自己的智慧，化被动为主动，使尴尬境遇烟消云散。“兵来将挡，水来土掩”，根据不同的情形采取不同的方法。

首先要判断来者是何用意，如果是怀有恶意，故意挑衅，可以“以眼还眼，以牙还牙”，有理、有利、有节，即有礼貌而巧妙地回敬对手，针锋相对，“原物”顶回。

如果遇到这种情况，必须要给予回击，不然以后可能变本加厉不利于工作的展开。不妨说：“如果你下次再这样说，你将被口头警告。”让他知道他得为自己的话付出代价。

接下来，可以找机会跟他进行一场单独谈话。然后，问他以下几个问题：

（1）奚落人是不是能看出他的能力？因为有很多人就是在以贬损别人为乐的环境中成长起来的。所以必须告诉他，办公室不是用来耍嘴皮的地方。作为他的上司，评价一个人并不是看他是否会说，而是更看重他的品质。

（2）问问他，是不是在所有人面前都这么说话？在自己的妻子、父母、孩子面前如果这么说，他们会有什么表现？找个时间和他好好谈谈这个话题。

（3）他是否愿意用这种口气开他自己的玩笑？让他站在别人的角度，考虑一下自己是否喜欢遭遇他人这样的对待。

（4）最后要告诉他，如果他不能改善自己的行为，不能学会尊重他人，他将永远没有多大的出息。

如果有人冲着自己横眉竖眼地骂道：“你这个人两面三刀，专门告我的阴状，想踩着别人的肩膀爬上去，没门！”如果心中无愧，完全不必大发雷霆，倒不妨解嘲地反诘：“哦！是真的吗？我倒要洗耳恭听。”诱使谩骂者说下去，直到对方找不到言辞。

在这种情况下，以温文尔雅、彬彬有礼的方式笑迎攻击者，显然比暴跳如雷、大动肝火为好。如果对方来势汹汹、盛气凌人，前来指责辱骂自己，而自己确信真理在手，则应报以藐视的目光、冷峻的笑颜，让他尽情地发泄，而不予理会。有时沉默无言的蔑视，能力胜千钧，抵得上千言万语。

要知道如果运用针锋相对的手法，是要给对手一个“闷宫将”，让他闭嘴。但是如果在人数众多的场合，还要争取群众的理解和支持。

假如有人对自己针锋相对、言语讽刺，或叫自己难堪，则应该含蓄以对，或采取装聋作哑、拐弯抹角、闪烁其辞的方式，或采取顺水推舟、转移“视线”、答非所问的方式，谈一些完全与其问话“风马牛不相及”的事情，用这种委婉曲折的方法反驳对手，定会取得奇特的功效。

有时候，可能会遇到棘手犯难的问题，若以幽默谐趣的方式回答，往往会“化险为夷”，改变窘态。在“山重水复疑无路”时，转为“柳暗花明又一村”，使尴尬局面消失在谈笑之中。

俗话说：“防人之心不可无，害人之心不可有。”练就随机应变的语言表达功能，如同学会“少林拳”一样，只可用它筑防卫之堤，切不可主动进攻、出口伤人。而且防卫要注意有礼貌，不管是用“软”办法，含蓄反驳，还是用“硬”办法，原话顶回，都要有理、有节。有一次，我看到一位长者在买菜时说：“你这菜太老了！”卖菜者立即反唇相讥：“还有你老啊！”这种嘴不饶人的做法不可取。如果自以为有一副伶牙俐齿，以尖刻之语到处挑起“战火”，那就必定招人嫌。

五、言多而失语？巧妙挽回局面

庞智的同事到他家做客，二人在客厅天南地北地聊着，不知不觉已经到了用晚饭的时间。庞智五岁的儿子跑进来，趴在庞智的肩膀上咬耳朵。

庞智聊得正高兴，不耐烦地训斥儿子：“没礼貌！当着客人的面咬什么耳朵？有话快说！”儿子顺从地大声说：“妈妈叫我告诉你，家里没有菜，不要留客人吃饭。”一时间两个大人都愣住了，多尴尬，这可怎么解释啊？

庞智脑筋一转，伸手轻轻拍了儿子的小脑袋一下，然后说：“小笨蛋！我不是告诉你，只有在隔壁唠叨的王妈妈来的时候，才要跑出来说这句话吗？你怎么弄错了？”

不管是普通人还是名人，都免不了有一些言语失误。出现失语的原因各不相同，但造成的后果却非常相似，有时会贻笑大方，有时会纠纷四起，有时甚至不堪收拾。

当然，失言并不是有心的过错，不过却是交际失误。失言后该怎么办呢？千万不要以为话已经说出去了就不能补救，不承认错误，这是极为错误的方法。

采取一定的补救措施或者矫正之术，去避免言语失误带来的难堪局面，这是失言后首要做的工作，如此也才能获得他人的认同。

1. 坦率道歉

如果自己无心之说伤害了对方，或者造成了尴尬的局面，我们应该坦率地道歉，补救失误。我们可以说："说那样的话我深感遗憾，我愿意向你道歉。"以一份坦率的胸襟来面对自己的过失，以诚恳的态度赢得他人的认同。

2. 调转矛头

失足了可以再站起来，失蹄了可以重新振作起来，而我们失言后依然可以用语言来进行弥补，只要我们懂得随机应变，就能弥补自己语言上的过失。例如，将错话加在他人头上"这是某些人的观点，我认为正确的说法应该是……"又或者将错就错，干脆重复肯定，然后巧妙地改变错话的含义，将本来的错误变成正确的说法。

3. 借题发挥

小蔡大学毕业后去一家合资企业求职，一位负责接待的先生递过来名片。小蔡有些紧张，对名片匆匆一瞥，脱口说道："藤野先生，您身为日本人抛家别舍来华创业，令人佩服。"对方微微一笑："我姓腾，名野七，是地道的中国人。"

小蔡顿时面红耳赤，感到非常尴尬。片刻后，她诚恳地说道："对不起，您的名字让我想起了鲁迅先生的日本老师——藤野先生。他教给鲁迅先生许多为人治学的道理，让鲁迅收益终生。希望腾先生日后也能时常指教我。"腾先生面带惊奇，点头微笑，最终录用了她。

所谓的借题发挥就是错话一经出口，在简单的致歉后立即转移话题，有意借着错处加以生发，以幽默风趣、机智灵活的话语改变场上的气氛，使听者随之进入新的情景中去。

4. 将错就错

为了使错误能够及时得以补救，创造良好的人际关系和心境，最要紧的是掌握必要的纠错方法，而将错就错不失为一个好办法。这种方法就是巧妙地将错话接下去，最后达到纠错的目的。

其高妙之处在于，能够不动声色地改变说话的清静，使听者不由自主地跟着你的思维走，随着你的话语而调动感情。

六、当众指责别用硬，懂得“软处理”

我的上司王彤是公司的销售经理，由于我们上半年的销售业绩非常差，于是在开会的时候，被销售总监劈头盖脸地训斥一顿。

王彤本来想要跟总监申辩说：由于上半年市场变化太大，并且又横空出现了一家很有实力的竞争对手，他们的产品新颖，价格又低，所以公司的几个客户就被抢走了。但是总监根本不听他的话，先是指责他的市场推广方案没有新意，然后说他对大客户的维护做得不到位……

王彤心里非常郁闷，受了一肚子气却不知道朝谁发。一想到这个，王彤就脾气暴躁，动不动就跳起来骂人，既憋屈，又难受，当然我们这些手下人也没有少受苦。

工作做不好领导当众指责职员是很正常的事情，一是为了告诉职员这次确实做得让领导看不过去了，二是杀鸡儆猴，让其他同事知道做不好工作会有什么样的下场，可是被当众指责，难免面子上过不去，但这个时候千万不要跟领导去理论，要懂得软处理的方法。

在办公室跟其他人发生不快的时候也会被人指责，但这时不要跟对方发生冲突，即使对方指责得不对，也要给对方说话的机会，然后要做的就是理清思路再说话，展现自己的绅士风度。更何况别人善意的指责对自己也是一笔财富。

面对别人的职责，首先要保持冷静。有的人总是受不了别人的指责，听见不中听的话就会恼羞成怒，和同事闹得不愉快，所以面对别人的指责要理性地去对待，也许别人对自己的指责是正确的，做人要有风度、懂礼仪。

1. 不要只站在个人的角度去看待别人的指责

每个人都是团队的一分子，更是公司的一分子，别人的指责或许是为了让一个人能够更认真地对待工作，让整个团队获益。每个人应该有一个宽阔的心胸去接受别人的指责，如果一个人只是针锋相对地去辩护，只能证明这个人不是一个谦虚的人，他应该站在公司的角度去看待别人的指责，同时要去感谢指责他的人，有人帮助自己发现工作中的错误是求之不得的事情。

2. 学会倾听

不管别人的指责是不是正确，首先要做到的就是洗耳恭听，尤其是在别人情绪比较差的时候提出的指责，千万别硬碰硬地去跟人家抢着说话，那样会激起更大的争端。耐心地等待别人把对自己的不满全部发泄出来，认真倾听其中有用的东西，不要立即去辩解，那样会给人一种不虚心接受的印象。记住，谁也不是圣人，谁都有犯错的时候。

3. 注意自己的言行举止

千万不要表现出一副散漫的样子，要表现出一种清醒的状态。在交谈中要跟对方有目光接触，也不要有过多的小动作，尤其对方是老板时。

有的人面对别人的指责可能会说："我自己知道，不用你多嘴。""用得着你来告诉我嘛？"这些高傲的话只会让一个人脱离群体，这样做不仅让对方难堪更会让自己难堪。每个人心里都有一杆秤，就算别人不指责不代表一个人就没有错，那些指责的人也不一定就是自己的敌人，面对别人的指责不妨说一句："谢谢你的建议，我会改正不足的。"

更何况每个人都有优点和缺点，同事在一起才能取长补短、齐心协力地完成好工作。如果不能虚心地接受那些建议，协作就无从谈起。思想决定一个人的高度，当别人指责自己的时候，自己采取什么样的态度就关系到自己是否能取得进步。行为举止决定着一个人的修养，虚心接受别人善意的指责，在职场中将受益匪浅。

七、窘境突现别慌张，用对方法解尴尬

我的闺蜜张珊在公司举办的年终宴会上得到了一份奖品。可是当她走到舞台中央时，居然滑倒了，那份奖品正好砸在颁奖者的脚上。张珊连忙道歉，可是当她弯腰去捡那已经摔烂的奖品时，裙子又被扯破了。“我认为还不算太糟，”张珊站起来说道：“除非这个奖品是公司为表彰我的部门全年无安全事故而颁发的。”顿时，听众们都哈哈大笑起来，张珊也在众人的笑声中完美收场。

在职场中什么事情都可能发生，不会一帆风顺，但是在遇到窘境的时候要知道如何去化解才是最重要的。要懂得灵活机变，这样才会把自己从窘境中解救出来。

在职场中，最重要的就是讲究团结，每天和同事抬头不见低头见的，千万要注意搞好关系。但往往事情不尽如人意，尽管一个人如履薄冰地想要维护好和同事的关系，但可能有一天还是会发现被周围的人孤立。

孤立原因之一：薪水过高

苏拉从进入现在的这家公司以后，就感觉一直被两个女同事视为眼中钉。虽然每天上下班的时候，苏拉都会跟她们微笑、打招呼，但她们总是当苏拉是空气。每到这时候，苏拉就感觉微笑一下黏在了脸上，让她非常尴尬。在平时的交流中，她们也总是回避苏拉的话语，有时候苏拉想跟她们说话搞好关系，但是她们好像跟商量好了一样，马上各自闭上嘴巴，然后去忙各自的工作，只留下苏拉尴尬地傻站着。

可想而知，在如此的环境下工作，苏拉的心情非常郁闷。后来，她

才从其他同事那里听到了一点风声：原来苏拉虽然是刚来公司，工资却远在她们两个之上，所以就招来了她们的妒忌。

可是苏拉对现在的工作非常满意，工作内容轻松，待遇也很好。她不想因为跟同事的关系很僵就导致自己离职，于是觉得非常苦恼。

解救之道：要想攻破一座堡垒，就要从内部入手，假如不想被别人孤立，最关键就是想办法打破敌方的统一战线。苏拉可以找机会多接近两个人中比较好说话的那个，经常赞美一下对方的服饰、气色，聊聊家常；对另一个人就只打招呼，少说话。时间久了，她们的阵营自然就会因为不信任而分化。不过，要想使用这种方法，必须要有十足的耐心。

孤立原因之二：弄错角色

赵倩在一家国有企业的财务部工作，整个财务部只有主任、出纳和她三个人。主任不负责基本业务，然而出纳也是凭借着关系刚刚进来的，于是全部门所有的工作几乎都压在赵倩身上。那个出纳只是做现金一块的活计，就连最基本的报销都不管，但是主任从来不会责备她，因为她有靠山。于是在主任的纵容下，出纳做事马虎。但是，赵倩却一直努力尽心地做事，可是到最后却吃力不讨好。因为主任曾经暗示赵倩，她工作太认真，把她的工作都做完了，让她无事可做。

赵倩打心里觉得冤枉，主任根本不懂得如何操作电脑，也懒得去学，所有的工作动不动就甩手丢给赵倩，几乎快把她累得趴下。但是到头来，却要埋怨她太过于能干，赵倩感到自己简直里外不是人。

而且，主任和出纳都明显地表现出不喜欢赵倩的样子，平时两人总是有说有笑，可是偏偏把赵倩排除在外，赵倩为此深觉不快。

解救之道：其实凡事都是由两方面原因组成的，假如一个人不喜欢自己，那可能是他的问题；但是假如所有的人都不喜欢自己，那就要从自己身上找问题。赵倩自认为对工作兢兢业业，但是为什么不被主任肯定呢？很有可能是她平时做了一些越权的事情，让主任感到不满。

她自己的想法是把财务工作做好，可是财务部有 3 个人，然而只有她有这个意识。那么可以看出来她把自己的角色搞错了，把部门搞好是主任的工作，然而作为下属，她只要配合上司完成这一目标即可，而不是自己去做上司的工作。而且从她的言谈中，也可以看出她对主任有点瞧不起的意思，主任对此怎么会没有察觉呢？因此，赵倩还是应该摆正自己的位置才好。

孤立原因之三：太出风头

王芳在公司是个精明能干的女子，虽然年纪轻轻却受到上司的重用，每次开会的时候，上司都会问王芳的看法。一时间王芳的风头出得非常大，这就让公司里那些来得时间长、资格比她老的人都看不过去了。

由于王芳的观念比较前卫，所以结婚几年了，仍然打定主意不要孩子。可就是这件私事却成为人们讨论的主题，更是有好事的人到老板那里吹风，说王芳一心想当官，为了往上爬，连孩子都不生了。这个说法飘满了公司的各个角落，王芳在一夜之间成了众矢之的。从此以后，王芳总是感觉同事都用很怪的眼神看她，而且和她说话的时候也是尽量“短平快”，这让她和同事之间竖起一道屏障。王芳感觉很委屈，她并不是大家所想的那么功利呀，为什么大家看她都那么不屑？

解救之道：如果在职场中表现得过于突出，但是不注意平衡周围人的心态，总会成为众人的眼中钉。王芳并非是急功近利的人，只是做人做事追求高调，从不会隐藏自己的锋芒。但是只要王芳能够真诚地对待同事，时间长了，他们自然会明白王芳是什么样的人，这就是她的真性情。

然而被同事孤立陷入窘境的滋味很不好受，在遇到危机的时候想办法去应对才是良策。如果在职场中遇上一些天生善妒的小人，然后在背后使阴招，千万不要坐以待毙，要主动出击去挽回自己的声誉。

第十一章

商务实战：礼仪就是资本，赢得对手的尊重

如今商务竞争日新月异，毫无疑问，一次高质量的商务谈判会让我们在职场上更胜一筹。但是双方在谈判中都为自己方进行步步为营的构思，一切利益皆因需求而起，那么怎样才能做到高质量的商务谈判呢？这就需要利用礼仪资本赢得对手的尊重，在谈判中占据有利地位。

一、称呼对方，万不可“张冠李戴”

年初，小齐通过层层面试进入一家外企，刚入职场的他对外企里互称英文名字的习惯有点找不到北。五花八门的英文名字，让小齐很快闹出笑话。有两个女同事，一个叫 Sherry，另一个叫 Shirley，写起来像，听起来像，更要命的是两位都是高挑苗条的丽人，长得也像。无论小齐如何努力，总是分不清楚。这种情形持续了几个星期后，两人对小齐的态度明显冷淡下来。直到有一天，脾气比较火爆的 Shirley 跳起来骂道：“连个名字都记不住，你有没有脑子？”小齐既是伤心又委屈。

小齐虽然郁闷，但与王勋相比，就显得幸运多了。王勋得罪的可不仅仅是同事，而是客户。一天，去拜访一位重要的客户，恭恭敬敬地接过对方的名片后，王勋没有仔细看就随手搁在桌上。生意谈毕，告辞时理应寒暄几句，可王勋却发现名片不翼而飞。他怎么也想不起对方姓甚名谁，只能含含糊糊蒙混过去。回去后，名片依然遍寻不着，王勋拼命回忆依稀记得客户姓金。于是打电话给对方时，就壮着胆子、硬着头皮，一口一个“金经理”叫得好不热乎。不料对方从头到尾对他的热情都没什么反应，最后才淡淡地说：“对了，我姓全，不姓金，请别弄错。”一笔来之不易的生意，就这样没了下文。

如果把客户的名字叫错岂不是把客户得罪了？生意自然也就谈不

成功。记住一个人的名字，有时对于工作、业绩很重要，并非某些人所认为的记不记住一个人的名字无所谓。

对于上班族，尤其靠业务来养家糊口的人来说这个问题至关重要。在做业务的过程中不可避免地要跟陌生人打交道，可是，有时候我们觉得自己明明态度诚恳，语气亲切和蔼，可怎么就是得不到客户的“芳心”呢？

与其苦恼，不如从对方的称呼上下手去寻找原因？不妨仔细回想一下，自己对对方的姓氏了解得多吗？自己在乎他的头衔吗？对对方的称呼是否足够亲切自然？有时候叫别人先生，还不如叫对方老师；叫对方小姐，还不如叫她同学。这些称呼不但让人觉得心里舒服，还会令人有种受到尊重的感觉。

可能，对于某些人来说如何称呼对方，怎样称呼陌生人，非常有经验。可是记住每一个跟自己打过交道的人，并且在第二次见面的时候准确无误地叫出对方的名字，就有些困难。那么究竟怎样做，才能将几百甚至上千个人的名字记在自己的脑海里，并能对号入座呢？

1. 拜访前先做一番了解

俗话说：“无事不登三宝殿。”要去拜访一个人，肯定是有某种需求才去的。因此，在见到对方之前一定要对对方有一些基本的了解，至少要知道姓什么，不要被对方问及找谁时竟然哑口无言导致尴尬的局面。

如果想要得到就要学会先付出，天下没有免费的午餐。首先要做的就是将对方的资讯，尤其是姓名、爱好等都能了如指掌。不要觉得这些事情无关紧要，实质上，比起没有业绩、没有项目提成、被炒鱿鱼，这点儿小麻烦算不了什么。往往解决这点儿小麻烦，才能带来大收益。

不妨问问自己，假如记住一个陌生人的名字即可得到一美元，那么一般人会怎么做？当然是疯狂地查询，反复地记忆，直到滚瓜烂熟。再设想一下，如果记住一个陌生人的名字，即可签下一笔百万元的合同，那么还不会去在乎陌生人的名字吗？

2. 对自己充满信心

就像有的学生一样，为了在考试之后得到自己想要的东西，他就会跟家长做一个承诺，并且为了这个承诺去努力。因为付出了足够的努力，所以就掌握了很多知识，掌握的知识越丰富，成绩自然就越理想。那么，也可以像学生对家长承诺自己会考一百分那样，向自己承诺“我一定会记住陌生人的名字！”

一旦产生这种想法的时候，内心的一种自我施压就会强迫自己去记住对方的名字，一直到见到那张脸就想起来那个名字，这时也就兑现了自己的诺言，整个人既舒心又自信。因此，一定要信心百倍地对自己说，我一定会记住对方的名字，因为我一定要实现自己的承诺。如果给自己这种心理暗示，时间长了一个人就会把记住他人的名字当成一种习惯，并持续坚持。

3. 随时随地记下他人的名字

不管别人的名字是从他处得到，还是靠自己的力量查询的，又或者是第一次见面的时候对方告诉自己的，不管在什么时候什么地方，我们都要及时地把这些名字记录在记事本上，并在每个名字后面注明对方的头衔、职位、所在的公司等，并常常拿出来温习。

这就像资源库一样，如果把那些有过一面之缘的人的名字记录下来，那么随着时间的推移，它们慢慢就会变成自己的一大笔丰厚的资源，并且会根据自己的需要，随时为自己所用。

4. 问清楚对方的名字

对于大多数人来说，都觉得自己的名字是最好听、最悦耳的，尤其是听到陌生人叫自己，就感觉这是一件非常自豪的事情。所以，千万不要觉得去询问别人的名字是不礼貌的行为，因为实质上人们非常乐意听到别人提出如下的问题：“不好意思，您能再说一遍您的名字吗？”“……

请问这样拼写您的名字对吗？”“您的名字怎么拼写的呢？”

当一个人把别人的名字郑重其事地记下来，或者很认真地记忆对方的名字时，无意识中已经向对方传达着“尊重你”“重视你”的信息，心理上的满足，能使对方对询问者印象更好。

如果一个人很看重某一个客户，在第一次接触以后很想跟对方可以再有第二次合作，甚至N多次交往，那么记住对方的名字就是第一项工作。

尤其第一次碰面记住对方的名字会给人一种亲切感，以后碰面的时候还能准确叫出名字会让对方感觉自己受到尊重。因此，查询、记忆、记录、反复温习翻看他人名字是职场人士必须要做的功课。当一个人的脑海已经装下几百个名字，并且每个名字对应哪个人都已经清晰明了时，那就意味着已经为自己的事业铺开了一张硕大无比的人脉网，事业的远航将顺风顺水。

二、机会从手中流失，肮脏的手握不住成功

费佳是我的大学室友，她是一个不太讲究细节的姑娘，做事情总是大大咧咧。她想要争做J化妆品公司的经销商，于是就趁着J公司举办宴会之际，来了一个毛遂自荐。在宴会上，J公司的经理亲切地与她握手，可是她的长指甲差点划伤经理的手，原来费佳双手拇指和食指喜欢留长指甲。当看到费佳指甲里面还藏着污垢，手心还记着一堆电话号码，经理只觉得“眼前一黑”，迅速收回手，不再理睬她。最后，J公司以费佳的形象与公司产品不符为由，拒绝了费佳的加盟。

其实在现实生活中像费佳这样的例子不在少数，很多人在与人握手的时候不注意卫生问题，然而肮脏的手只会令人作呕，妨碍他们获得别人的好感，甚至令他们丧失原本到手的成

功。而**一双漂亮、干净的手，不仅可以展现出自己的魅力，同时也会让别人觉得非常舒服，这样一来成功的机会就多了一分。**因此，维护一双健康美观的手是绝对不可忽视的细节。

尤其是在社交活动中，握手已经成为一种司空见惯的礼仪。这个动作赋予人与人之间、团体之间、国家之间的交往一个丰富的内涵。一般来说，握手往往用来表示自己的友好，这是一种交流，可以打破原本的隔膜，加深双方对彼此的理解、信任，更可以表示一方对另一方的信任，如果握手不当也会传达出淡漠的感情、敷衍的态度等信息。

对于团体领袖、国家元首来说握手就象征着合作、和解、和平；并且在各类商务活动中，握手礼是被使用最频繁的礼节，表示对对方前来赴宴的欢迎。握手对于商务交往如此重要，因此要学会保护好我们的这双手。因为，就算是不握手，手也是自身的一个重要部位，不可以被忽视。

在跟别人握手的时候，人们就会看到一个人的双手，而保持指甲的良好状态也是保护双手所必不可缺的。如果不能每个月光顾美甲师，那么就要靠自己来修剪自己的指甲，千万不要找借口对自己的双手置之不理，手是我们的第二张脸。

修剪指甲时，需要注意以下几点:

（1）长度：手指甲的长度不能超过2毫米。

（2）缝隙：不能有异物，因为指甲中有异物就会使人对其卫生习惯有所怀疑，甚至对其印象大打折扣。

（3）习惯：养成“三天一修剪，每天一检查”的良好习惯。

（4）美甲：日常生活中，女士涂的指甲油要均匀、美观、整洁，不能出现薄厚不一的现象。

（5）护手：如果不是工作需要，上班时间最好不要涂抹指甲油或者涂无色的指甲油。手美不美没有一个绝对的标准，但要让自己的手修长、细腻、平滑，它应具有一种观感上形态的美与接触中感觉的美。另外，由于双手长期暴露在空气中，所以就会不可避免受到损害，所以应该时刻注意对手部皮肤的保养，保持皮肤的水嫩，让双手健康美丽。只有这样，在参加宴会上伸出手时才会让人眼前一亮，进而对人产生好感。

参加一个宴会的时候，一个经理对自己的秘书说："我不想跟那个人做生意，他跟我握手的时候一直是无力的，而且手总是冰凉冰凉的。我们接触过几次，他总是让我感觉像握着一条死鱼。我感觉这个人缺乏活力，而且态度很消极。在接下来的宴会多注意一下他，不要让他给今天的客人带来不快。"秘书听完后，立即找了几个人绊住了那位客人，一直到宴会结束他都没法脱身，更别说与现场其他人交流合作了。

不要小看握手这件事情，用力握手是一门学问，握手越是用力，越可以给人留下一个深刻的印象。如果对方用力地握住一个人的手，这个人就会下意识地用力握下去，以免自己居下风。

握手，按字面理解为手与手的结合，也是一种心与心的沟通，人们可以从握手中感受到对方的态度。也可以看出一个人是否真诚。只有真诚的人在握着别人的手的时候是热情的，让人对他产生一种信赖和好感。

同时，也要注意在跟别人握手的时候不要戴着手套，或不戴手套与人握手后用手巾擦手，那么会让别人误以为这是觉得他的手脏，是很失礼的。所以，在与人握手时既不要让对方觉得自己的手不干净，也不要对肮脏的手表示出过于明显的反感，也要懂得给对方留面子，这样在职场中才能顺风顺水。

三、握紧手中的筹码，处于劣势别自乱阵脚

郭严经营了一家小公司，公司曾一度面临倒闭，但是经过几年的努力，产品成功打进日本市场，战胜很多的大公司。

在公司经营状况不太好的时候，曾经有三家日本企业想与郭严合作，其中一家大公司要求原价报销其公司的产品。这对当时处于低谷的公司绝对是个好消息，但郭严没有被利益冲昏头脑，反而他有些疑惑，为什么三家公司会同时要与自己合作呢？

于是，郭严收集了这几家公司的信息，分析他们为什么会同时在自家公司订货。结合日本当时的市场状况与各自的公司状况，郭严得出结论：因为自家公司产品质量好，受客户的欢迎，因此才吸引了这些公司想要订货。

按照信息反馈，郭严采取了欲擒故纵的谈判方法，先不理会大公司，而是抓住另外两家小公司急于签约的心理，再通过与其他厂家的对比，把自己产品的价格提上去。这样一来，那家大公司产生危机感，便没有在价格上过多纠缠，开始大批量订货。

由于现在竞争越来越激烈，人们为了争取到更多的订单，在面对大客户的时候总是小心翼翼、如履薄冰。当大客户表现出不满的时候，会很快做出让步。之所以会处于劣势地位是因为没有给自己一个正确的定位，没有看到自己的优势。

在大客户面前放低姿态，并不是将自己处于劣势地位。也许对方急需你的产品，想要尽快完成交易，即使他们表现得很镇定。既然对方与你谈判，必定是对自己有益处，找准这一点即可处于优势。

在商务谈判时，双方通常不会直接进入正题，而是会说一些无关紧要的话题。这些并不是简简单单的寒暄，在经验丰富的谈判者看来，这其实是一场交战，目的就是建立自己的优势，影响对方的心理，让对方认为你更有优势。

当然，要想在谈判中占有优势，就一定要准备周全，充分地收集信息、整合信息，在了解清楚后，对不同的谈判者采用不同的方法。

如果谈判能够双赢是最好的，但谈判者都想为自己谋求更多的利益，很难有利益不冲突的时候，所以有分歧在所难免。当出现分歧时，谈判者要注意保持冷静，不要争吵。一般情况下，争吵不仅不能解决问题，还会让事情变得更加糟糕。遇到这种情况时，要尽量冷静下来认真听对方讲话，然后委婉地提出自己的不同意见。如果分歧已经严重到无法继续谈判，可以示意对方先休息一会儿，或者采用转移注意力的方法。

商务谈判时，对方有优势并不是说明你一定会失败，因为对方不可能在所有的方面都占优势，总有些地方是你占上风。所以处于劣势并不可怕，但是不能自乱阵脚，完全丢掉自己的优势。我们应该认真分析局势，找出有力方法将优势表现出来，这才是一个谈判高手应对劣势的有效方法。

四、投石问路，第一时间摸清对方虚实

新年将至，一年一度的相亲大军陆陆续续开始了相亲之战。我的闺蜜曹颖也加入这个相亲大潮，26 岁的她相亲已经不下 20 次了。

其实相亲除了看外表以外，人们最想了解的就是男方的家庭情况，介绍人一般说得都不太全面，还是要跟男方聊过以后才能知道底细。但是，如果两个人一见面就开始谈论经济因素，难免就让男方觉得女方是一个贪财的人。

曹颖在向对方询问问题方面已经驾轻就熟，曹颖说昨天在北城天街五楼，她又相了一个人。他俩找了一家每人 38 元的自助汤锅店吃饭，男方付的钱。曹颖说刚开始她还是比较满意的，接着又问了一个问题，“你平时有什么兴趣爱好？”“爬山。”对方答道。

曹颖说问完这个问题后，这顿饭她就吃得有点心不在焉。八点的时候，男方提出就近在 UME 看场电影，“我说有事，就走了。”相亲没成功。

“他一说爬山，我就把他否（定）了。”我问她为什么听见这个回答就不考虑了呢？曹颖叹了口气说：“这

种兴趣花不了几个钱，哪个都可以做。”

然后，我又继续问她：“什么样的爱好才是你希望的？”

“自驾游就是比较上档次的爱好。”曹颖说，大学毕业两年来，她相亲不下20次，总结出一套相亲秘语，“几个问题就能把对方的底细摸清。”

“我跟他肯定不合适。”昨日，相亲失败的曹颖显得非常自信。

在一场相亲中，女方都知道摸透对方的底细才能决定两人是否有可能继续下去，那么在商务谈判中摸清底细更是谈判的重点，可以在谈判中占据主动地位。

“不打无准备之仗”，对于商务谈判来说这句话更显重要。每个人在商务谈判之前应该准备什么，都没有一个明确的方向。完全靠自觉，谈判靠感觉，结果靠知觉，但这种方式会让一个人对谈判结果毫无把握，最终致使谈判无疾而终。

很多企业的经理人都没有经过严格的商务谈判实训，很多人都会轻视这个问题。在商务谈判当中，大多数人是根据感觉或者自己的经验来操作，但这种方式往往就会使人无意识地犯下一些错误，从而在谈判桌上失去先机，让对方对我们开始反击，使得自己处于不利的局面。

《孙子·谋攻篇》中说：“知己知彼，百战不殆；不知彼而知己，一胜一负；不知彼，不知己，每战必殆。”众所周知，一场成功的谈判并不能光靠一个人滔滔不绝就能成功，而是在谈判中抓住谈判内容的要点，先满足对方的需求，让对方看到好处，然后满足自己的需求。

如果在谈判中双方都存在异议，这时就要看一个人掌握多少客户的信息。掌握的信息越多，那么在这场谈判中就会掌握越多的主动权。谈判的目的是双赢，双方都互惠互利。掌握信息，了解对方——很多时候也取决于谈判人员的专业知识和心理素质的综合表现。

由于商务谈判所涉及的因素广泛而又复杂，因此作为专业谈判人员，应该有如国际贸易、商法、市场营销、金融学、心理学、经济学、财务学等及与谈判项目相关的工程技术等方面的知识，较为全面的知识结构有助于构筑谈判者的自信与成功的背景。

例如，招商谈判，只有对对方的意图、目的、策略了解透彻，才能在谈判中对症下药，然后相应地制订正确的对策，进而使自己方在整个招商洽谈中处于较为有利的地位，并使招商获得成功。这就要求招商谈判人员在招商洽谈前或洽谈中解决好这个问题。要做好这个工作，可以采用以下这 3 种方法进行调查。

1. 检索调查法

检索调查法就是招商的洽谈人员针对现有的资料进行搜集和分析。资料的来源途径包括很多，包括本公司或本单位内部存储的信息资料、招商谈判对手发放的资料、有关介绍招商谈判对手的报刊书籍等。这种调查方法简便易行、投资少、见效快。

2. 直接调查法

招商谈判人员可以通过跟对方的直接接触来搜集、整理情况资料。

3. 咨询法

咨询法就是招商谈判人员向有关专利事务所和情报信息单位提出咨询，并购买相关的资料。可以通过下面这个故事更加直观地进行理解。

在一间欧洲比利时的画廊里，一位美国画商和一位印度画商在激烈地讨价还价。原来，印度画商带来的一批画，每幅开价都在 10~100 美元之间，唯独对美国画商选中的 3 幅画，每一幅都要 250 美元，并且不做任何退让。美国画商对印度人的行为当然不满意，怎么都不同意 250 美元的价格。可是没想到，印度画商非常生气，抓住 3 幅画中的一幅，当场点火烧掉了。

美国画商见他把自己喜爱的画烧了，

心里很可惜。他问印度画商，剩下的两幅画价格能否再低点儿。不料印度画商毫不让步，坚持每幅250美元，一点儿也不能少。那美国画商仍然嫌价钱太高，不愿意买下。

于是，印度画商又抓起一幅画烧掉了。这下美国画商沉不住气了。他酷爱收藏名人字画，只好低声下气地乞求画商不要烧掉这最后一幅画，愿意将它买下来。印度画商乘胜出击，将最后一幅画提价到500美元。美国画商不敢有任何反抗，乖乖地付了款。

印度商人因为全面掌握交易的细节与双方的博弈对比，同时显示出良好的谈判素养，坚持自己的谈判原则，从而赢得胜利。

五、滔滔不绝是强者？一语中的才是取胜之道

《天天向上》是湖南卫视一档知名的脱口秀节目，主持人汪涵等有着深厚的文化底蕴和灵巧的应变能力。在一次节目中，活泼好动的主持人欧弟跟节目中的一位男嘉宾开玩笑，做出把脉的样子后一脸“惊喜”地告诉对方：“恭喜你，怀孕了！”在场的观众和其他嘉宾都被欧弟的搞怪动作和语言逗得哈哈大笑，但在大家笑得开心时那位男嘉宾略显尴尬。

细心周到的汪涵在看到这样的情景时，灵机一动，脱口而出：“人家那是怀着梦想，孕育希望。”这样一句看似简单的话语，巧妙将男嘉宾从尴尬中解救出来，并进而将“怀孕”上升到精神层面，将前面的打趣变成了对嘉宾精神的赞扬，又暗合当期节目的主题，令人不得不感到钦佩。观众对这样机智的应答报以热烈的掌声。

将“怀孕”解读为“怀着梦想，孕育希望”是汪涵灵机一动的巧言，也就是主持人常要经历的“救场”。这样的解读一方面是一种高超的“打

圆场”，另一方面也提升了节目的品位和内涵，给原本的娱乐气息中注入了积极向上的精神，使得节目无愧于“天天向上”的名称。

“说话”，人人都会说，可是要做到让人听着舒服又能达到自己目的的说话就很少有人能做到了。大家知道“无奸不商”这个道理而难以相信销售人员所说的话，但是会说话的商场人员总能让人情不自禁地去选择相信他们。

很多人有过这样的经验，当向对方诉说他认同的观念、立场、兴趣、爱好或经历时，两人的思想就很容易产生共鸣，碰撞出激烈的火花。心理学家指出，这其实就是人的一种相似相吸心理。根据这种心理，在与他人交往时，如果我们能找到对方的“动情点”，把话说到对方心坎里，就能很容易与对方建立起良好的交往关系。

算命师为什么能把话句句说到求算者的心里？正是因为他深谙这种心理原理，巧妙地利用冷读术不断地说中求算者的心思，从而轻易让对方相信自己。

算命师不会把话说死，大多是些似是而非、怎么解释都不会说错的话语，让对方觉得很准，从而取得信任。那么，怎样才能看懂别人的内心，把话说到对方心坎里呢?

1. 观察和捕捉别人心思

从面相识人是算命师的看家本领，他能通过他人的外在表现捕捉其内心活动。

（1）面部表情。从对方的脸上发现皱眉、抽搐、眨眼等症状时，即可判断出这种症状的背后潜藏着什么样的情绪。

（2）手足活动。人要想隐藏真实感情时，就很容易引起指尖和脚的活动。例如，思维敏捷却不擅长演讲的人在电视里出现时，手和脚总是乱动，有些还会伴随不自觉的舌头动作。

（3）谈话方式。内心感情会通过谈话方式表露出来。人在愉快时会比较爱说，郁闷时则会变得沉默寡言。说话的速度和语调也都会受到内心感情的影响。

学会有效地观察和捕捉他人心思，我们自然就知道什么时候该说什么话。我们不断说中别人的心思，或不断说出对方想听的话，这时对方自然就很高兴，也乐于和我们继续交谈。

2. 极具技巧的会话策略

别人想听什么，我们就说什么！这是最有效的会话技巧，也是与对方迅速缩短心理距离最简单的策略。要说中别人的心思，我们在语言表达时就不能说得太绝对，要利用多种表达方法、多义词、意思含糊的词汇，提高“说中”的准确性。

我们公司的销售员张军，在向赵经理电话推销时，就成功地利用冷读术让对方相信自己。

张军：赵经理，我是小张啊。（说中，对方肯定认识姓张的人）

赵经理：哦？你好，你好。（赵经理不得不这样接话）

张军：你怎么还不来北京啊？（好像很熟，说一句对方无法印证的话）

赵经理：哦，最近……（只能这样说，公司的确在北京有业务啊）

张军：你答应过我们一起吃个饭，交流一下××订单的事情……

张军最后切到了自己的主题上，赵经理也不得不听一听，因为他也搞不准对方是否真的是自己的熟人呢！生意场上人来人往，每个人每天见了多少个人，谁能把所有的人都记住呢？只要我们把冷读术运用到位，对方也不得不信以为真。

再从反面来讲一个例子。我们经常收到一些类似下面的短信，对方正是试图利用冷读术的策略进行诈骗。

“×××，我的银行卡号已经改为××××××××××，你下次汇这个卡上。”

“我是×××，我的电话快没费了，我正在外地，请帮我充 100 元。”

“我是×××，我现在受了伤，急需用钱，您先借我××××元，汇到×××××××××××这个账号上。”

如果对方报出的姓名一个人恰好熟悉，他又急于帮助对方而不加以查实，那么这个人就有可能上当了。

每个人的内心或多或少都会有一些弱点，这正是冷读术得以发挥作用的奥秘所在。当然，社会中的绝大部分人并不存在阴暗心理，但从人的内心来讲，每个人都存在被尊重、被理解、被倾听、被宽慰等心理需求。这些心理需求正是我们成功实施冷读术、创造良好的沟通情境，从而使双方达成信任关系的契机所在。

一种技巧无好坏之分，全在于使用者是否端正用心。揭秘算命师，可使人们避免上当受骗，同时，把算命师的常用技巧——冷读术用在建设性的人际交往中，则会加深我们与交往对象的理解、信任、欣赏和尊重，保持愉悦的交流状态，维持我们人际交往中的安全感。

六、不想前功尽弃，千万别忽视形象的威力

有一次我陪同厂长与德国的一家厂商洽谈瓷砖出口的事宜。按礼节，我们提前5分钟到达了公司会议室。等到客人到达后，我们全体起立，鼓掌欢迎。但是，德方代表的脸上不但没有出现期待的笑容，反而均显示出一丝不快的表情。更令人不解的是，按照计划一上午的谈判日程，半个小时便草草结束，德方匆匆离去。

事后我们才了解到德方之所以提前离开，是因为我们谈判人员的穿着。德方谈判人员中男士个个西装革履，女士个个都穿职业装，而我们的谈判员呢？除了经理和翻译穿西装外，其他人有穿夹克衫的，有穿牛仔服的，有一位工程师甚至穿着工作服。

德国是个重礼仪的国家，而且德国人素以办事认真而闻名于世。在

德国人眼里，商务谈判是一个极其正式和重大的活动，中国人穿着太随便说明两个问题：一是不尊重他人，二是不重视此活动。既然一个人既不尊重别人，又不重视事情，那还有必要谈吗？所以，德方在发现我们服饰不规范时脸上出现不快，并且提前离去就不足为奇了。

通常双方在第一次见面时，一方就会对另一方产生一种情感，喜欢或者不喜欢。

如果一方喜欢另一方，可能就会积极地跟对方交往；如果不喜欢对方，可能谈话都没有热情，有可能会对下一步的交流造成一定的影响。

这就是第一印象，即“首因效应”。作为一位经常出席谈判活动的商务人士，一定要先了解“首因效应”带来的作用。谈判不是仅凭能言善辩的口舌即可解决任何问题。

1. 谈判者的形象很重要

在中国虽然有些人不是很在意包装，认为谈判完全靠自己的实力和经验，但事实并非如此，谈判者的形象也对谈判有着很大的影响。

（1）谈判者的职位

从某种意义上来说，头衔也是很重要的，它是一个人的标记，可以在谈判中获得意想不到的效果。例如，“这是我们公司的总经理，是本次谈判中我方的首席代表。”

（2）谈判者使用的交通工具

这有可能成为一方判断另一方实力的标志，虽说并不绝对，但是80%的人都会以对方的外表对对方加以判断。例如，对方的汽车外表的干净程度也要注意一下，它就像一个人出去时脚上穿的皮鞋一样重要。

如果在外地谈判，住的酒店、宴请对方选择的就餐环境也很重要，可能会成为一方考查另一方实力的一个方面。

（3）谈判者的外在形象

作为一位总裁或者总经理，在谈判时的穿着一定要与身份相符，一定要穿戴整洁，质地精良、有品质的职业装是首选。

同样，作为一名谈判助手，衣着更要注意。不可太过于华丽，赛过自己的谈判首席代表，这是不可取的，有喧宾夺主之嫌。但千万不要穿一些质地不好、做工粗糙的衣服，它会降低一个人在谈判对手心目中的形象。

2. “自我介绍”的方式很重要

如果一见面就自我介绍“我是××公司董事长”，会给人一种盛气凌人的感觉，可能会引起对手的反感。

不妨用其他方式来介绍自己。

第一种方式：不用说，用行动来介绍。只要把自己印有头衔的名片，双手恭敬地递给对方，比自己用语言来介绍收到的效果更具有力度。

第二种方式：让助理替你介绍。“这是我们公司的总经理，××理事长。”这样就显得很合理，有可能还会使对方对自己肃然起敬。

从另一个角度来看，有这么专业的助手协助，本身就显示出自己方的实力与地位，更能使对手信赖自己。

第三种方式：适当说说自己的经历和公司的知名度。单纯地介绍自己的头衔有时还不够，因为在这个头衔满天飞的时代，人们已经开始渐渐失去了对它的信任。在恰当时，将自己方的企业知名度透露给对方，会令对方肃然起敬，潜意识里已经有可能开始让步。

3. 人与事要分开，对“事”要严肃，对“人”要友好

记得有一位老前辈说过这么一句话，在商务谈判方面不要指望对手中的老朋友能够顾及情谊，也不要责怪对方“不够朋友”，商界人士在谈判方面对“事”不可以不争，对“人”不可以不敬。

七、不想僵局变结局，巧妙化解才是王道

有一个果品公司派业务员到苹果产地与果农谈收购价格。业务员问：“多少钱一斤？”老果农答：“1元钱。”

业务员还价道："8毛行吗？"果农坚持不肯降价说："少一分也不卖。"

结果业务员喊道："你别老抠了，做买卖怎么像女人一样？痛快点！"老果农："你小子才是女人！吃饱撑着跑这儿挨打来了！"说着就撸起袖子准备出手，业务员见状赶紧跑了。

过了两天，果品公司派另一名业务员张东前来谈判。张东先和气地叫声："大爷，忙着呢。"一边掏出香烟恭敬地递上去一边说："农民不容易，辛辛苦苦就指望这时候有个进账了。"最后谈到苹果收购价说："咱们都是实诚人，交个朋友吧，8毛5我全包了。"很快就做成这笔买卖。

在商务谈判活动中，特别是在谈判进入实质性磋商阶段以后，谈判双方往往会由于某种原因相持不下，而陷入进退两难的境地，一般来说把这种谈判搁浅的情况称为"谈判僵局"。在谈判中来自国内不同企业，以及其他不同国家或地区的谈判者，怀着对各自利益的期望或对某一问题的立场和观点，一时难以达成共识，双方又不愿互作让步，就很容易形成僵局。

在商务谈判中，虽然谈判双方都不希望出现僵局，但是实际上谈判僵局却是经常发生的；而僵局的持续必然会给谈判双方带来一定的压力，甚至会导致谈判破裂。

当僵局形成以后，必须迅速地进行处理；而妥善地处理僵局，必须对僵局的性质、产生的原因等问题进行透彻的了解和分析，并且加以正确地判断，根据僵局的种类采取相应的策略和技巧，选择有效的方案，使谈判得以继续进行。

大致可以把僵局分为以下三类：

（1）策略性僵局。即谈判的一方有意识地制造僵局，给对方造成压力而为自己方争取时间和创造优势的具有延迟性质的一种策略。

（2）情绪性僵局。即在谈判过程中，一方的讲话引起对方的反感，冲突升级，出现唇枪舌战、互不相让的局面。

（3）实质性僵局。即双方在谈判过程中涉及商务交易的核心利益时，意见分歧差距较大，难以达成一致意见，双方又固守己见、毫不相让，就会导致实质性僵局。

既然造成僵局的原因存在差异，那么对于不同类型的僵局也应该采取不同的化解策略。

1. 对于策略性僵局，主要是以揭露为重心，识破对方的玄机，这一招也就失灵了

应对策略性僵局应当采取的方法主要有：

（1）适当让步，以柔克刚

对方有意识地制造僵局，目的常在于试探我方的实力、决心和诚意，在这种情况下，如果对方的要价在我方允许的范围内，不妨以弱者的面目出现，一再声明我方的立场、观点和诚意，并且做一些小的让步以满足对方的虚荣心。“给面子”是打破僵局的最基本手段。

（2）坚持原则，以硬碰硬

对于那些吃着碗里看着锅里的主儿，或者那些得了便宜还卖乖的主儿，自己方的底线已无可退之时，别无他法，只有坚持原则，以硬碰硬。需知对方是把僵局当作一种策略使用，并非希望中断谈判无功而返。美国谈判家约翰·温克勒说过：“在你制造僵局的时候必须是他们对于你要他们的那些东西很感兴趣的时候，否则他们会不理睬你。”

2. 对于情绪性僵局，主要是从回避的角度出发，想方设法排除误会，疏通路障

情绪化僵局往往是双方在商务谈判中由于激烈的气氛造成情绪失控所引发的，多是由于言辞不当引发口角僵局形成。情绪不能代替原则，情绪不能带来效益。谈判双方是为谋求共同利益而来的，赌气斗狠会互相妨碍谈判进程。这毕竟会使双方违背初衷，违背来意，静心自问做出反思双方还是会继续下去的。这个立足点就决定了化解情绪性僵局的主要办法：

（1）暂时休会，静候反思

在谈判中双方就某个问题产生争执，矛盾尖锐、言语声调升级，情绪处于失控，冷战变为热战，隐战变为明战，讨论问题变为人身攻击之时，应该及时地协商休会，脱离接触。在心态上进行修复，靠时间缓冲一下，调整失控的心理以转换气氛，免得僵局变成死局。

（2）审时度势，及时换人

谈判中途一般不要换人，但是由于形势突然变化，双方主谈人的感情受到伤害，一方对另一方不再信任时，就要及时更换谈判代表。通过换人化解僵局，打破僵局。

3. 对于实质性僵局，应该从理解的角度按照原则谈判法排解矛盾，消除分歧，拉近距离，恢复正常渠道

因此，对于实质性僵局，可以采取以下办法：

（1）诚恳对待，耐心说服

现在的市场已经进入到关系营销时代，生意往来越来越建立在人际关系的基础上。人们总是愿意和他所熟知的人、信任的人做买卖。生意场上是对手，私下里是朋友。

“买卖不成仁义在”，获得信赖最重要的就是以诚待人、童叟无欺，当谈判陷入僵局时，可以通过一些有说服力的资料如市场行情、产品质量、售后保证等以劝说、提醒、引导对方。只要以诚待人加之以耐心说服，有理有据坦诚相处，那么相信对方也会做出相应的让步，切合实际地考虑自己眼前的主张，从而做出适当调整，僵局也会随之消失。

（2）反复斟酌，存异求同

对于涉及双方利益的重大分歧，往往在推进中会遇到巨大障碍，稍一不慎即陷于僵局。因此，众多的实战谈判家采用适于讨价还价的循环逻辑法。如果对方在价格上要挟自己，改而与之谈判质量；如果对方在质量上苛求自己，改而与之谈服务；如果对方在服务上挑剔自己，改而与之谈条件；如果对方在条件上逼迫自己，改而与之谈价格。实践证明，这就是僵局中行之有效的迂回战术。

以迂为直，这是谈判家智者的风范。聪明的谈判家在僵局中总能反复斟酌、冥思苦想，找到解决问题的钥匙。

（3）沉着应战，后发制人

陷入僵局之前，谈判的一方往往使出最后通牒，迫使对方就范。这时己方不妨多听少说、多问少答、冷眼旁观、沉着应战。采用后发制人的策略，不到关键时刻不拿出杀手锏。待时机一到，反戈一击，常能出奇制胜。

第十二章

CHAPTER 12

危机处理实战：你的风度决定你的高度

你如果想要为成功做好准备，就必须要培养四种性格特质：气质、优雅、专业和热情。这就是说要懂得：打造个人品牌，包装自己；放眼未来，拓展职场人脉；学会让自己更容易被别人记住；知晓有关职场规范的潜规则，在职场中从容应对各种危机。

一、没人喜欢空降的天兵天将？面对“不速之客”接待有术

张婷是我大学的同学，她毕业以后成功地找到一份文秘的工作。她说她这个职位说起来就是老板的“管家婆”，只是管理一些杂事，但是有时候也要看专业素质。例如，经常有一些不速之客上门来找她的上司，可是她作为上司的秘书首先要确定这些客人有没有必要去打扰上司的正常工作，所以接待客人就成为非常考验能力的一项工作。

在她刚上任第3天的时候，有一个保险推销人员上门来推销保险，张婷知道这些保险推销人员特别能说，而且会打扰到上司的工作，于是百般推诿不让推销人员去见上司，甚至因为几句话就跟推销人员吵了起来，弄得公司的同事都在那儿看笑话。

最后惊动了她的上司，于是她上司就很礼貌地拒绝了推销人员，阻止了这场闹剧。事后上司原谅张婷毫无经验的接待工作，并亲自指导张婷以后遇到这种情况应该如何处理，既要有礼貌地拒绝又不能弄得双方太尴尬。

只是采取强硬的态度去拒绝必定会得罪别人，不管对方是谁，都要表现出自己应有的礼仪，炼成一副宠辱不惊的心态。

职场人士一般在公司中都会遇到接待客人的任务，但是也难免会有一些不速之客，影响正常工作。那么，对待这种不速之客应该如何接待呢？既要显示出自己的礼貌，又不会因此影响到手上的工作。

不速之客有好几类人，他们可能是客户、同事或者是老板的亲朋好友。这时就要根据不同的身份，采取不同的接待措施。

1. 来人是领导的上级或者客户

应该热情地邀请他们到会议室等待上司的到来，并要给对方倒一杯茶，可以说“您稍等一下，我看一下×××在不在”，然后要马上去告诉领导，要听从领导的指示来进行接待和安排。

2. 领导的亲朋好友

可以先请他们到会客室就座，然后马上通知领导，再按领导的指示接待。

3. 公司内部的管理人员

如果他们说有急事需要见领导，这时千万不要拿腔拿调，故意刁难。而是要马上通报，以免误事。

4. 推销人员

这类人员往往都是不速之客，而且还不容易打发走。应先让他们稍等，然后打电话给需要他们产品的相关部门。如果相关部门有意向或事先有约，就要指引他们过去。

如果那些推销人员坚持要见领导，那么会有两种可能。一是确实和领导已经约好了，二是没有约定，但他觉得见到领导可能让他的推销可靠一点儿，他们却不去考虑是否会因此耽误了别人的工作（绝大部分是这种情况）。这时，也没必要黑脸推辞，同样可以委婉地让他们把材料留下，说回头请领导过目。领导如果感兴趣，会及时主动和他们联系。

5. 客户

对于那些来访目的很简单，不需要领导出面就能处理的，作为助理就要显示出“分担领导工作”的本能。可以先介绍他们去找相关部门的主管或相关人员交涉，并且应该先替他联系一下，然后向他指明该部门的名称、位置。如果位置确实不好找，最好亲自带领客户去。

6. 其他不速之客

面对这种情况，首先要让对方报上姓名、单位、来访的目的，然后再去请示领导，由领导自己决定见还是不见。

由此可见，应对不速之客的基本方式，还是要多“请示”，不可以擅作主张，一不小心得罪了公司的大客户或得罪了领导的私人关系，就没必要了。

二、一张口就吸引他？叫对称呼一步到位

我的舍友秦霜眼看下周就要去实习单位报到了，心里却是忐忑不安。因为她的新公司是外企，在公司里大家都有英文名字，按理说应该称呼大家的英文名字。但秦霜是新人，觉得如果直接叫对方名字会不会显得太随便了，是不是应该加一些后缀？她举例说：比如有位叫 Anna 的女同事，是直接叫她 Anna，还是 Anna 姐，又或是 Anna 前辈？

她觉得直接叫 Anna 会有点随便，但叫 Anna 姐，女人大都忌讳年龄，这样会不会犯忌？如果叫 Anna 前辈，会不会太“作”了，说不定别人还以为你韩剧看多了。为此，秦霜很是纠结好一阵子。

每个刚进公司的新人都会有这方面的苦恼，想要跟“前辈们”搞好关系，可是又不知道怎么给他们留好第一印象，第一印象的关键就在于如何给大家一个恰当的称呼，既不能显得做作，又不能过于冷淡。

1. 叫得亲昵反遭领导冷落

怎么称呼自己的同事才合适？这不仅是刚刚步入职场的新人的必修课，就连从一个公司跳到另一个公司的老手，也同样要小心，不然说不定就会栽跟头。

我的表姐陈晓原来在一家私企上班，当时的主管是一个年轻人，大家都喜欢叫他“帅哥”，他也一概笑嘻嘻地应承下来，十分受用的样子。

后来陈晓通过不断的努力，终于跳槽到一家很有规模的大公司。她发现自己的主管仍然是个小伙子，于是也就直接以“帅哥”相称。可是

她不知道这家公司制度一向严谨，她这么亲昵称呼领导，不少人就开始揣测是不是她有什么背景。然而，那个被她称作“帅哥”的领导也非常尴尬，但又不好跟陈晓明说。

陈晓刚开始没有意识到。后来过了一段时间她发现，主管常跟别人有说有笑，但只要一跟自己说话态度就会变得一本正经，除了工作上的事情她们很少交流。陈晓就觉得很委屈：“究竟是我哪里得罪人了？”

她忍不住向好友倾诉，对方帮她分析：主管这么做，也许就是被她那句“帅哥”叫怕了，特意跟你撇清关系呢。

2. 学会察言观色

不少新人会问：“职场中有没有可以通吃的称呼啊？”混迹职场多年的刘敏对此就很有心得：“曾经有，但现在人更讲究因人而异，并且要分出地位尊卑。”对于大部分公司，喊“哥哥”、“姐姐”很吃得开。她就用“姐姐”称呼女上司。但是，这个称呼还是有利有弊的，一方面可以显示出对对方的尊重，另一方面可能会对对方的年龄有一些含沙射影的讥讽意味，所以还是要学会察言观色。

因此，具体情况还是要因人而异。她们公司隔壁部门的一个女主管，看起来好像有 30 多岁，但一直是单身，所以年龄也是她的禁忌，从来不敢有人涉及这个话题。而且她对打扮特别讲究，还热衷研究各类保养品。像这样在乎年纪的，千万别乱喊“姐”之类的，说不准就会惹来对方的不快。

3. 叫声老师总没错

如果确实是没见过面的同事，作为一个新人确实不知道怎么叫，那就先叫“老师”。“三人行，必有我师”嘛，就算称呼不出彩，但也不会得罪人。

4. 喊高不喊低

新人刚进公司，假如搞不清楚同事的职位，可以适当称呼“高”一点，可以暗示他在自己心里的地位。千万注意不要把资历比较深或者担任领导的人喊“低”，如果这么做，那一定就会把这个人得罪了，赶紧想想怎么缓和一下关系吧！

5. 最好“投其所好”

想要恰当地称呼对方，就要搞清楚对方的脾气秉性及喜好，这样才能称呼得恰到好处。如果对方是一个“死板”型的人，最好称呼“经理”“某总”就好；如果是战友型的，就叫“头儿”“老大”都合适；如果是海归型的，可以投其所好叫他英文名字。

三、谈话柔术，拒绝他人的不当要求

安迪是一家广告公司的设计部主管，一天上班的时候她突然接到了总经理的通知，原来是总经理上午10点要跟一个客户谈生意，可能会涉及产品设计方面的问题，所以要求她一起参加。

会议进行得很顺利，双方就技术、经费、时限等问题进行了沟通，并且当场就签下合约。因此总经理非常高兴，邀请对方留下来用午餐，他交代安迪：“中午安排午餐，档次要高点儿。”安迪迟疑了一下，按照职责分工，会务以及接待事项应该由综合部负责，但她转念一想，既然总经理让自己来安排，那就听从吩咐吧。

她打电话在附近订了家星级酒店，到了包厢，客人全部就座，服务生开始开酒，并陆续上热菜。安迪按照领导“档次要高点儿”的要求，特意安排了上等的海鲜。安迪十分客气，要给客人们夹菜，可对方老总却婉言谢绝，这让安迪很诧异。当安迪转眼看总经理的时候，却发现他在皱眉头心想：自己是不是哪里安排得不周到？后来，她才知道对方老总是不吃海鲜的，曾经两次来公司谈业务都是综合部来安排接待的，总经理和综合部的人了解这个情况，而安迪压根就不懂，结果导致整个午餐气氛很尴尬。

尽管这次午餐安排并没有影响到公司的生意，但安迪却给总经理留下了不好的印象，综合部的人也对安迪有看法，觉得她插手了自己职责范围内的事情。安迪觉得自己很委屈，本来不该管的事儿，自己却接了下来，结果还把事情办砸了。

其实，类似安迪的经历，在职场中经常会发生。当一个人的老板吩咐他工作时，他首先要考虑一下这份工作是否在自己的职权范围之内，有人认为“凡是领导交办的事情，就是我的工作”，这看似忠诚，但其实是很不专业、不负责任的表现。

面对这种情况，我们完全应该大声说：“这不归我管。”当然，如果简单地扔给领导这样一句话，显然不合适，而是应该向领导建议这项工作按照职权应该归属哪个部门处理。这样，一方面表明自己对公司业务非常熟悉，另一方面也能减少部门间的误解。

这就涉及如何巧妙地拒绝不合理要求的技巧。每个人应该有自己的原则，该说“不”的时候，只要掌握一点窍门即可避免伤害他人的自尊心。

拒绝是一门学问，尤其想要不伤人，既可以稳妥地消除自己的尴尬，又不让对方无台阶可下，这就需要采取适当的方式。

1. 请别人转告

可能当面拒绝别人，会让对方很难堪，而如果让他人代为转告就会适当地消除一些尴尬。别人的请求就像是一个美丽的肥皂泡，如果我们直接戳破它可能会有些残忍，然而让他人转告就会给对方一些时间和心理上的缓冲，相对来说，也比较容易接受。

2. 不明确回答，提出选择

比如一个人的朋友或者恋人说周末一起去爬山，但是这个人不喜欢，这时候不要急着拒绝说“我不去，不喜欢”直接来打击别人的兴致。可以说：“这个季节去划船不错啊！”这样对方也了解他是不想去爬山，只是在跟对方提出一个建议，也不会让对方觉得被拒绝。

3. 尝试用回避表示“不”

一个人跟朋友去看了朋友喜欢的武打片，出了影院以后朋友问：“你觉得这部片子怎么样？”这时他可以回答：“其实我更喜欢抒情一点儿的片子。”又如一个人生病了，身体发热，但不想他的朋友知道，朋友如果问他：“你量过体温了吗？”他可以说：“我没什么问题，只是天气有点儿热。”

4. 转移话题

想要拒绝一个人并不是只用简单的“不”来表示就行的，其实把问题放到一边不去理会，也代表了一个人的拒绝。比如一个人的朋友说：“我们下次还来这里吃饭吧？”他可以说：“其实今天的天气挺不错的。”他的答非所问也会让对方明白他对这个建议不怎么喜欢，对方就会知道他不想答应其请求了。

5. 用客气来表示“不”

当别人送给自己礼物，但是按照要求自己不可以收下的时候，可以用以下 3 个原则来客气地拒绝：一是说客气话；二是表示受宠若惊，不敢接受；三是向对方强调自己留着这个礼物没有什么用，不如送给需要它的人。

6. 善用外交辞令

在港台剧中，当人们不想回答别人的问题时，很多人就会说：“无可奉告。”而且外交官在遇到自己不想回答或者不愿回答的问题时候，也会用这句话来表示自己的态度。

拒绝是一种应变的艺术，不要因为心软答应了别人，但是最后又做不到，让对方的期待落空，破坏彼此的友谊。不懂得拒绝的技巧，过于直白地拒绝也会伤害对方，甚至会与人结下仇怨，使自己陷入不利的地步。所以要学会运用智慧，巧妙地使用拒绝的话语，以坚持自己的原则，摆脱不利的局面，同时也可以更好地维护双方的关系。

四、避免左右为难，做快乐的“夹心饼干”

案例一：张玲最近精神状态非常不好，吃不下，睡不着。周二早上，她拿着辛苦赶出来的项目企划书给领导过目。结果传达下来的“最高指示”是：项目经理要求她进一步细化技术指标与数据分析，缩减对于市场宏观方向评估预期的文字部分；然而项目总监却再三表示要大力明确市场未来走向及一切潜在的客户资源，将各种指标与数据作为有力佐证即可。

无奈的张玲只得硬着头皮开始折腾，一份企划书删了补，补了又删，得到的回复总是“一边”点头，“一边”摇头。眼看着交稿的日期一天天临近，张玲急得不知所措，觉得再这样折腾下去不如一头撞死算了。

案例二：为了解决公司新产品定位方向问题，大大小小的会开了无数次却依旧没有定论。刘伟所在的技术研发部俨然已经阵营对立，壁垒分明的分成了两个派别：一是以主导定位于中低端客户，全面升级产品各项功能的“保守派”；一是以支持发展高端消费群体，重金开拓产品高科技功能的“创新派”，两者正闹得不可开交。自己究竟该如何表态，站在哪一边呢？

刘伟辗转反侧失眠了几个晚上也想不出应该支持谁。毕竟“保守派”

里有一手提携教导自己的恩师，而“创新派”里又有几个目前私交至深的同僚。怎么选择都要得罪人，刘伟真是非常头疼啊！

职场中我们经常会面临两难的选择：两位上司意见不同且各不相让，是选择听命于甲方还是乙方？两位同事意见相左且各执一词，是选择在茫然中拖延进度还是在表态后划分阵营？对于这些情况，那些整日生活在夹缝中的“夹心饼干”真的是非常辛苦，生怕一个不小心就成了猪八戒照镜子里外不是人。

我们难免会有在夹缝中生存的时候，无论身居何位，也可能要受一些“夹板气”。既然“夹心饼干”已成定局，我们要做的就是积极面对现实，努力改变现状，做一枚快乐的“夹心饼干”。

1. 要学会自信地专注于工作本身

相信许多职场人士都有过“夹板”遭遇，上司之间意见出现分歧，

同事之间划党分派，上司与下属的水火不容……而其最大的困扰就是想不出一个能够保全双方人际关系的万全之策。

如果不幸出现左右为难的情况，我们应当尽量学会将精力专注于工作本身，而不是企图将纷繁复杂的关系理出头绪，不然到最后终究是让自己“赔了夫人又折兵”。

很多时候，左右为难的情况可以检测出一个人的自信程度。以案例中张玲遇到的情况为例，当反反复复的修改仍不能被两位领导同时认可时，自卑的人会将其视为上级对自身工作能力的一种否定，消极倦怠；而自信的人则会把它看成是一次普通的意见分歧，平和对待。心态不同，结果必然不同。

这种情况应当加强与两位领导的面对面沟通，一方面不要让信息在混乱的传递过程中造成不必要的主观推测；另一方面也切忌员工借此纠

结分析远超工作范畴之外的领导关系，而应当学会抓住眼前最主要的矛盾，以工作的圆满完成为最大前提。

2. 要避免依赖群体“安全感”

虽然好心态能够抵消一些由于凭空猜测而导致的茫然与不自信，但是几乎每个人都保持着对于“集体”寻求归属感和安全感的本能心理需求，这就使得一些人在不同的派系之间左右为难，异常苦闷。

案例二中的刘伟正是不知正确如何处理上司与下属、领导与同事的人际关系，而导致自己很辛苦很烦恼。刘伟作为在公司苦心奋斗并且积累了一定人际关系资源的普通员工，一方面期望对恩师有所回报与表示，一方面又不愿意破坏自己深厚的同僚情谊。

然而当身边的人由于主观意识、价值标准、个人感情等原因分别投身了各自支持的阵营后，刘伟的“孤家寡人”感立刻油然而生。这类徘徊在同事派系之间的“夹心饼干”，往往会因为过分重视情感倾向与立场表达，而使思考的重点脱离工作本身，最终做出错误的决策。

职场“夹心饼干”要尽量避免依赖群体安全感，虽然排斥分裂、寻求归属感是人类的本能，但是这种心理情结会在很大程度上限制客观的思考与判断。同时倘若人人整日纠缠在工作与感情的夹缝中，会使得自己更加疲惫不堪而碌碌无为。

3. 最高境界是“夹板”而不“气”

其实“夹心饼干”是形容一种受制于“夹板气”的尴尬生存状态。在竞争激烈的职场中打拼，遭遇夹板环境其实是非常正常的事情。职场由“人”构成，不同的价值观、出发点都会形成各类主张迥然相悖的复杂矛盾，绝对没有夹板的理想处境实际上是不存在的。

但是同样处在夹缝中，“气”与“不气”却实在因人而异。“夹板气”

这三个字其实可以拆成两部分分开理解：首先是“夹板”，即两种概念发生冲突的处境；“气”即当自身感知到矛盾冲突后，由于危机意识的提升而做出的一系列情绪反应。

所以相同的“夹板”不同的“人”，可能会发生截然不同的结果：有人苦于挣扎压抑，因为无法施展能力而郁郁寡欢；有人无所适从，在选择面前左右为难，偏离了工作重心；有人干脆两面吃了苦头，终日苦大仇深而愤愤不平。

身处夹缝中对每一个人都提出了更高的要求：或者你甘愿沉沦逃避，使它最终成为阻碍个人发展的魔咒梦魇；或者你选择平和看待，让它成为专注工作，激发潜能的强大力量。因此，不要一味地抱怨“夹板气”的无奈，“夹心饼干”的最高境界是“夹板”而不“气”。

下面就教你四招应对左右为难的情况：

（1）切忌摇摆不定与盲目屈从：职场中各个壁垒分明的派系经常会使一些人忽左忽右、忽上忽下，在摇摆不定的过程中失去目标而变得迟钝与盲目。因此要时刻保持最清醒的认知，凡事以工作效益实现的最大化为原则，不轻易改变立场，减少情感因素的羁绊。

（2）学会就事论事，避免凭空推测：既然“夹板”环境在职场中无可避免，那么我们就应当学会就事论事，在遭遇各种各样的冲突时，尽量避免减少主观推测，不要因为保护自尊心而急于辩白或争论。

决策应当以有利于工作和大多数人的利益为前提，同时在看待与自身意见相悖的群体时，学会发现对方的优点，维持客观心态。

（3）平和看待分歧，不要人为渲染：身处夹缝时，首先做到不逃避亦不恐惧。同时避免用绝对的眼光分析问题，不要将“夹板”两方的人单纯定义为好人或者坏人，朋友或者敌人。更不要将分歧人为扩大渲染，引申出工作之外的复杂根源。应当尽量做到在“夹板”中发现双方的合理化成分，然后择其善者而从之。

（4）摆正处事心态，不要盲目投靠强者：有一种观点认为，解决职场“夹板”最快捷省事而又保险的方法就是“先分析矛盾双方的地位权势差距，然后再果断加入强者行列”。

虽然这样做可以迅速缓解自身的“分裂感”与“焦虑感”，似乎将风险降低到最小。但它的前提是当事人保持着优秀的工作能力与稳定的自信心。因为即使是投靠了强者，“夹板”依然存在，只不过你选择将自己从中间挪到一边，从无措走向对立。这之后将会有更多的挑战。

五、应变的艺术？交流中来点幽默与睿智

孟非自从主持《非诚勿扰》以来备受好评，成为中国极受欢迎的相亲节目主持人，观众在为场上嘉宾个性化所吸引的同时，也为孟非机智、幽默的表现大声叫好。

在一期节目中，一位戴眼镜的男嘉宾上场后，其帅气的外形和儒雅的风度赢得了很多女嘉宾的青睐。大家纷纷按灯选择，只有3号女嘉宾不为所动，孟非于是就问：“3 号你可以告诉我你不选择男嘉宾的原因吗？”3 号女嘉宾出言不逊地说：“我不喜欢戴眼镜的男人，我觉得戴眼镜的男人都猥琐。”当时，那位男嘉宾就非常尴尬。

此时孟非出言化解，即兴发挥说：“我也戴眼镜，你这话真是一石二鸟，醉翁之意不在他而在我，我没什么地方得罪你吧？不过我得告诉你戴眼镜的男人不一定是猥琐，这个我老婆可以为我证明。”此言一出，博得场上场下的一阵掌声和笑声。

正是孟非的睿智与幽默解除了男嘉宾的尴尬，及时转移话题，把问题转移到自己身上，既教育了女嘉宾不应该

出言不逊又表现出自己的睿智与幽默。

幽默是一种特殊情绪的体现。它是人们适应环境的工具，是人类面临困境时缓解精神压力和心理压力的方法。俄国文学家契诃夫说过：“不懂得开玩笑的人，是没有希望的人。”

它不是油腔滑调，也不是嘲笑或讽刺。正如有位名人所言：心浮气躁难以幽默，装腔作势难以幽默，钻牛角尖难以幽默，捉襟见肘难以幽默，迟钝笨拙难以幽默，只有从容大度、平等待人、超脱世俗、游刃有余、聪明透彻才能幽默。它必须建立在成熟阅历和丰富知识的基础上。一个人只有有了审时度势的能力、广博的知识、敏捷的思维，才能做到谈资丰富、妙言成趣。

幽默是智慧的象征，它能让人感到快乐，而快乐的气氛是超强的润滑剂，对沟通来说至关重要。如果我们能够充分发挥幽默感，在谈笑之间对别人说“不”，不仅气氛轻松，也能顺利达到拒绝的目的，这对双方来说，都是最好的结果。那么，如何让自己变得机智幽默，能够在必要时说出足以让人会心一笑的话呢？

幽默能够使人变得智慧，乐观地面对生活：幽默能让人的生活多姿多彩、充满乐趣。幽默感还能“传染”给周围的人，使他们的生活充满欢声笑语。正如美国一位心理学家所说：“幽默是一种最有趣、最有感染力、最具有普遍意义的传递艺术。学会幽默，你便拥有了受大家欢迎的第一大资本！”学会幽默，适时地幽默，一个人就会成为最受欢迎的人。

1. 要有良好的心态

良好的心态比什么都重要。有了它，人们就会快乐地面对任何事情。心态端正，幽默感自然灵光、充裕起来。

有一次，苏联中英电视台女播音员列昂节耶娃向观众介绍一种摔不碎的玻璃杯，几次试镜都很顺利。不巧，正式播出时，杯子竟摔得粉碎。而列昂节耶娃镇定地说："看来发明这种玻璃杯的人没有考虑到我的力气。"幽默的语言，一下子使自己摆脱了窘境，并化解了杯子不结实的误会。这位女播音员正是用良好的心态摆脱了尴尬。

2. 要勇敢地表现自己

幽默感随时都可能出现，但是如果不敢表现出来，幽默感出现的频率就会逐渐降低。当一个人觉得自己应该幽默一下的时候，不要拘泥，大胆地表现出来。要知道，幽默总会带给人惊喜。

前美国总统里根访问加拿大，在一座城市发表演说。在演说过程中，有一群举行反美示威的人不时打断他的演说，明显地显示出反美情绪。里根是作为客人到加拿大访问的，加拿大的总理特鲁多对这种无理的举动感到非常尴尬。

面对这种困境，里根反而面带笑容地对他说："这种情况在美国经常发生，我想这些人一定是特意从美国来到贵国的，可能他们想使我有一种宾至如归的感觉。"听到这话，尴尬的特鲁多禁不住笑了。

3. 从不同角度去思考

一位幽默大师曾说过："所谓幽默就是别人看见了头，而你看见了屁股。"从不同的角度去看待问题，幽默感就会出现，例如，你感觉卷纸的品质过于粗糙，可以摒弃正常思维，把卷纸当作砂纸看待，幽默的回答就出现了，可以说："如果你不介意，可以卖给我当砂纸用。"

4. 多看书，多积累

多看些幽默的书籍，培养幽默感的最佳方法就是欣赏别人的幽默。正所谓"熟读唐诗三百首，不会做诗也会吟"。见得多，听得多，骨子里的幽默感自然也就多了。

六、对方无理取闹，能绕则不迎

王媛上完初中后就辍学，然后到一家酒店做服务员。她偶尔会遇到一些素质比较低的客人。一天，酒店来了一群客人，个个西装革履、气宇轩昂。王媛主动上前引座服务，刚开始客人比较平静，酒过三巡以后，客人就有些随便了。有些人脱掉外套，手握话筒高歌。

这时，其中一位过来拉王媛要求同歌共舞。

王媛平静地说："看这位先生一定是位厂长或经理，您希望您的职工违反您的工作制度吗？"客人一愣，王媛得体地补充说："现在我正在上班，不能和您一起娱乐，对不起，您还需要什么的话，尽可吩咐。"

过了一会儿，有几位客人开始击碗拍案，胡言乱语起来，王媛依然平静，既没有认可，也没有拂袖而去，只是淡淡地正色道："各位请自重，以免有失身份。"客人有些收敛。最后有位客人酩酊大醉，吐了一地。又是王媛，扶他到沙发上休息，又给他递茶、倒水、送毛巾。事后，这位客人专程来道歉致谢。

其实王媛在同客人服务交往中，是从两个方面来掌握分寸的，**一是服务要热情周到，二是态度要不卑不亢。**"客人永远是对的"这一原则也要适度把握。适度把握这一原则，餐馆企业可引导消费者文明消费，并可杜绝由不文明消费带来经营冲突的隐患。

人不可能永远是对的，适度把握"客人永远是对的"这一原则时应做到：既要使顾客满意，又不失酒店形象。长此以往，才能达到酒店和消费者的共赢。

在职场中难免会遇到一些喜欢无理取闹的人，让人非常头疼，但是对付这类人需要采取一定的方法和策略，不然只会让自己陷入困境之中。

七、面对故意“排挤”，切莫大发雷霆

每个人都有一部辛酸史，就算是家喻户晓的宋丹丹也不例外。据她在中戏的同班同学演员梁冠华透露，他和宋丹丹两人当年因为外形看上去都十分普通，“我比较肥胖，而宋丹丹则前额较突出，长相不够好的我们当年在学校日子一点儿也不好过。因为老师每次在分派角色的时候，总是把各种最不起眼的群众演员的小角色分配给我们，而长相漂亮的同学则往往能够得到比较重要的角色。”

梁冠华说，一般情况下，他和宋丹丹总是扮演一对倒霉的小夫妻，在舞台上辛辛苦苦地四处奔走，跑得满头大汗也不能讨导演一声好。但这丝毫没有影响他们奋进的信心，“我和宋丹丹总是互相鼓励对方，我们的心态很乐观，虽然也有很难过的时候，但我们始终没有放弃过，经过不断的努力，我们终于扮演了很多我们一直就很想演的角色。”

在职场中受人排挤是很普遍的事情，那些有一腔热血的大好青年，自认为可以有一番作为，可是在实施的过程中却不断受人排挤，现实并不如理想那么乐观。那么究竟是什么原因导致自己被排挤呢？被人排挤该如何拆招呢？

排挤原因：木秀于林

“木秀于林，风必摧之”，最早说这句话的是杨修，同时也适合所有不知道隐藏光芒的后世才子。如果一个人一直占据上风，那么这个人不仅会成为女人嫉妒的对象，也会成为男人嫉妒的对象，别人怎么能不眼红并欲除之而后快？

钟离曾经是一名知名 4A 创意总监，在前公司就遇到这样的事情。因为钟离要能力有能力，要才气有才气，又多少有些傲气，虽然工作干得漂亮，可是却不懂得如何“与老板沟通”，也不会“团结群众”，每天我行我素。这不刚一转眼就被人黑了，自己辛苦争取的大单子被别人抢

去了，只能去做些吃力不讨好的小单子，那些素质高、有前景的大客户见不到了，每天被小客户反复纠缠。钟离这样的才女受不得这种委屈，于是稍微受到点排挤就深感压力，甩手不干了。这下可让那些排挤她的人顺心了，没费多大力气就把她赶走了。

所以说，木秀于林的高调人才是遭排挤的第一名，也是容易被排挤掉的第一名。

“攻守三策”对抗排挤

上策：寻求靠山

如果在公司遭到排挤，遇到的对手是那些强势的人，或许是掌握大权的上司，又或许是有权势的同僚，那么与其耗费元气硬拼不如找个靠山，借助更强势者的力量。

舒畅是离职的前任总经理的助理，自从公司改朝换代以后，她就被踢到了为办公室主任打杂的位置上，公司的同事或许看不惯她以前强势的态度，又或者看不上了她现在的职位，总是在有意无意中排挤她。

舒畅眼看自己的生存空间越来越小，于是决定背水一战。她辛辛苦苦准备一大堆材料直冲新老总的办公室，侃侃而谈，并表示自己愿意为公司的发展献计献策。

新老总赫然发现前任为自己留下个不可多得的人才，于是非常高兴，马上任命舒畅为市场部经理，当然那些先前排挤舒畅的人也见风使舵，偃旗息鼓了。

中策：以攻为守

与其被逼到绝境的时候才知道背水一战还不如积极展开进攻。

初入新公司的杜莎在感受到被同事排挤的火药味以后，决定必须马上进攻，缓解危机。第一招，兵行险招。杜莎用“团队配合不好导致工作不顺利”为理由主动向老板提出辞职请求。虽然老板听信了其他人对杜莎的闲言闲语，但是其实心里也舍不得这么一位得心应手的好助手，更舍不得杜莎手头众多的优质客户，所以开始盛情挽留，并且对其他的同事严厉强调了“合作精神”，更是在杜莎的暗示之下，授予了杜莎更多的指挥权，让杜莎和排挤他的同事们从平级变成了事实上的上下级关系。

第二招，杜莎找借口说自己做不过来，于是扔出一个抢手的客户，同事们纷纷争抢，成功拆散所谓的“联盟”，还收罗两个同事成为“自己人”。这一次的反排挤战，自然大获全胜。

下策：避其锋芒

有时候在职场中需要隐退锋芒，但是不意味着就要处处忍让。

销售部负责统计考核的副经理吉杰最近就被东北区的销售总监汤姆盯上了，汤姆凭借自己每年占全国1/3的业绩，要求吉杰改变考评规则，把那些不利于自己手下销售经理的条款全部去掉，还要求增加对自己人有利的规则，被吉杰拒绝以后，汤姆就开始处处刁难，并且不配合考核，还越级向集团老总告状，说吉杰刚愎自用没有协作精神不听取一丝意见，甚至当面叫嚣让吉杰“滚出去”。

眼看着公事演变成赤裸的排挤，但是上层碍于汤姆的好业绩于是态度暧昧，吉杰决定退步，但是和公司提前讲好条件：表示如果希望自己通过离岗来解决这场纷争，那么公司就要负责把自己转到更为稳定的HR部门工作并加薪，不然就把汤姆要求更改考核条款的情况通知所有大区。公司权衡之下答应了吉杰的要求。按照吉杰的说法，汤姆赢了，但他也没有输。

所以在遇到排挤的时候，千万不要急着发怒去跟别人评理，“欲加之罪何患无辞”。想好对策应对使自己的权益不受损害才是良策。

第十三章

CHAPTER 13

推销实战：生客卖礼貌，熟客卖热情

常言道："礼多人不怪。"在推销实战中，对待客户一定要礼貌热情，而且要正确地表现礼貌和热情。只有让客户感受到尊重，他才会对你产生好感和信赖，继而愿意购买你的产品，与你合作。

一、踩着销售“雷区”？玩转最基本的交际礼仪

刘佳是一名照明器材厂的业务员，一天她按照与客户的约定带着企业新设计的样品兴冲冲地来到新界贸易公司。刘佳脸上的汗珠都没有来得及擦一下就走进安经理的办公室，“对不起，这是我们公司的新产品，请您过目。”正在办公的安经理被刘佳吓了一跳。

安经理只好停下手头的工作，接过刘佳递过来的照明器，随口称赞道：“好漂亮啊！”并请刘佳坐下，给她倒了一杯水。刘佳看到安经理对新产品很有兴趣于是就如释重负，安心地坐在沙发上，跷起了二郎腿，然后就开始环顾安经理的办公室。

当安经理问她照明器的电源开关怎么安装的时候，刘佳习惯性地挠了挠头，虽然刘佳做了详尽的解说，安经理还是一脸疑惑，在谈到价格的时候，安经理说：“你这个价格比我们的预算超出好多，可以再降低一点儿吗？”刘佳又挠了挠头说：“这个造型新、省电、寿命长。”

最后安经理找托词离开办公室，刘佳一个人等了好久，感觉无聊于是就开始用办公室的电话跟自己的朋友闲聊起来，后来门开了，但是进来的不是安经理而是她的秘书，那么可想而知这个单子肯定是黄了。

刘佳风风火火闯进安经理的办公室，连最起码敲门的礼仪都没有，而且进入以后没有主动给对方讲述自己此行的目的及自己所推销的产品的性能，并且在安经理离开办公室以后私自使用办公室电话，这都是

非常没有礼貌和不道德的行为，销售人员的工作在销售过程中展示的不仅是产品更展示了一个人的品格，如果一个人不能让人有好印象，那么对方自然也就对这个人的产品将信将疑。

俗话说得好："说出去的话，泼出去的水。"这句话更加直观地说明了语言会对人产生多么重要的影响。然而作为经常要跟不同的客户打交道的销售人员，掌握一门必要的语言艺术，以及有着良好的行为举止，可以避免在销售过程中给顾客留下不好的印象从而影响销售业绩。

每个职业都有每个职业的语言特点，例如，外交家都有惯用的外交语言，戏剧家就习惯用舞台语言来进行交流，教师有课堂语言等。三句话不离本行，从对方的言语中，就可以判断对方从事什么行业。同样推销人员也有常用的交际原则。

1．言辞要有礼貌，推销人员的言辞礼貌主要体现在对敬语的应用上

对于推销人员来说敬语的最大特点就是彬彬有礼，热情而庄重。

（1）在使用敬语的时候，一定要分清时间、地点和场合，并且使用的语调要尽量甜美、柔和。

（2）尤其要注意使用敬语的时候，要使用"您"而不是"你"，这是尊重顾客的表现。

（3）要尽快熟悉顾客的姓名、身份，千万不能冒失地直呼其名，例如，要称"李先生"，而不是"李敬"。这样做可以让顾客感受到自己对他的尊重，并且会尽快地消除生疏感，增加亲切感。

（4）寒暄语是敬语的入门，要正确、恰当地使用寒暄语，不要让对方对自己产生不良印象。

2．措辞要注意修饰性

推销员应该充分地尊重顾客的人格和习惯，绝不能讲有损顾客自尊心的话，这就要求推销人员必须注意语言的措辞。

简单地说，措辞修饰性，主要表现在谦谨语和委婉语两个方面。

（1）谦谨语的要求是语言中要表达出谦虚、友善的意味，要表现出对对方的敬意，并且要使用征询和商量式的语气。

（2）委婉语是用好听的、含蓄的、使人少受刺激的代词，代替所要禁忌的词语，用曲折的表达来提示双方都知道的但不愿意点破的事物。

3. 语言要具有生动性

推销员切忌语言呆板，只是机械地回答顾客提出的问题。

（1）要使用生动幽默的语言使顾客在购买过程中感到气氛和谐、感情融洽。

（2）幽默是一种微笑的艺术，一段幽默的对话，能给人产生诙谐的情趣，使人们在笑意中有所领悟。既能令人轻松愉快，同时又能揭示深刻的主题。

4. 表达随意性

在推销过程中要使顾客感到高兴和满意，推销员在使用服务用语的时候，要注意察言观色，善于观察顾客的反应，针对不同的场合、对象，说不同的话，有利于沟通和理解，避免可能出现的矛盾或使矛盾得到缓和。

（1）通过顾客的服饰、语言、肤色、气质等方面的特点去辨别客人的身份，挑选适合客人气质的产品，不要让客人对自己的眼光产生厌恶。

（2）通过顾客的面部表情，语调的轻重、快慢，走路姿态、手势等行为举止去领悟顾客的心境。

（3）遇到语言激动、动作急躁、举止不安的顾客，要特别注意使用温柔的语调和委婉语措辞。

（4）对待顾客投诉，说话要特别注意谦谨、耐心、有礼，要设身处地替顾客着想，投其所好，投其所爱。要善于揣摩顾客的心理，以灵活的言语应对客人。

销售并是仅靠一张嘴就能完成的事情，还要有礼仪的配合，如果没有礼仪，说得再好听，顾客也没有心思去听自己的话，只有让顾客喜欢上自己的言行举止，顾客才会有心情听自己说的话，所以必须要把握住这几个原则，给顾客留下一个好印象。

二、客户避而不见？巧妙预约是成功的第一步

张涛是一位优秀的保险推销人员，在与王总成功签单后，王总又给他介绍一位姓刘的朋友，是一家公司的经理。几天以后，张涛开始通过电话来预约这位顾客。

张涛说："刘经理，您好！我是张涛，您是王总的朋友吧？我们聊天的时候他提起过您，他让我向您问好。"

刘经理："是的。"

张涛："刘经理，我是某某保险公司的业务员，王总建议我应该结识您。我知道您很忙，我能够在这周的某一天打扰您 5 分钟吗？"

刘经理："你见我有何贵干？不是想推销保险吧？已经有很多销售人员找过我了，我不需要买保险。"

张涛："那也没关系，我保证不会向您推销保险。明天 10：00，您能给我 5 分钟的时间和您见面吗？"

刘经理："好吧，但是 10：30 我还有别的安排，希望你不要超时。"

张涛："好的，您放心，我保证不会超过 5 分钟。"

刘经理："好吧，你能准时 10:10 分到吗？"

张涛："谢谢，我一定会准时到达。"

第二天，张涛准时到达刘经理的办公室。张涛和刘经理边握手边说："刘经理很忙，时间是很宝贵的，所以我一定会遵守 5 分钟的约定。"于是张涛尽量简短地对刘经理进行了提问，5 分钟很快就过去了。这时张涛说："时间已经到了，您还有什么要告诉我的吗？"

刘经理在接下来的 15 分钟里把张涛想要知道的一切都告诉了他，而且完全是自愿的。之后张涛又找时间和刘经理谈了几次，结果张涛很快就说服刘经理，购买了自己一个 100 万元的大单。

张涛就是一个善于预约的销售高手，仅用 5 分钟的时间就让客户主动延长了彼此的谈话。他信守承诺成功地完成了第一次见面，不仅获得了最有用的信息，还给顾客留下了良好的印象，所以最终成功实现了销售。

销售人员可能都会有这样的体验，那就是很多客户都难得一见，特别是想要到客户的家里或者办公室去谈生意，当销售人员提出这样的要求时，得到的往往只是对方的拒绝。贸然地提出到客户那里谈生意时是很不礼貌的行为，而且也会引起客户的反感。

预约客户是销售人员必备的一项基本功，这项技能掌握不好，销售人员就会因为自己的鲁莽而失去潜在的客户。不管人们在想什么或者在做什么的时候都会提前进行安排，需要有一个心理准备的过程，从而有一定反应的时间。如果突然降临，会让人一时间手足无措，造成心理上的不安。因此，销售人员千万要注意这一点，学会为客户提供预约服务。

预约对于老客户可能会容易成功，而对于从未谋面的新客户就会比较困难，这时销售人员进行预约，最好先不要提及销售商品的事情，如果客户听到你说与他见面只是为了推销商品，那么就很容易引起客户的抗拒心理，从而遭到拒绝。所以当客户问你找他有什么事情的时候，销售人员千万不要谈生意的事情，要为彼此能够见面、认识，能够简单地进行交流，能够引起客户的兴趣奠定基础，这样才能达到销售预约的目的。

曾经有一位很优秀的销售人员说：**“我在办公室完成 65%的工作，我总是把我和顾客的谈话安排在办公室。在这里和客户谈话不会受到干扰，可以进行得更快，更令人满意。”**其实很多时候客户也是喜欢这样的方式。

预约客户是销售人员应该长期坚持的一种习惯，不仅要预约自己去拜访客户，也可以预约客户来接受服务。

在预约客户时，要注意以下几个问题：

1. 让自己处于微笑状态

打电话时面带微笑地说话，愉悦的感觉会通过声音传递给客户，听在客户耳中自然就变得有亲和力。让自己每次通话都处于微笑状态，保持最佳的质感，可以帮助你进入对方的时空。

2. 音量与速度要协调

面对面时人们会有所谓的“磁场”，在电话之中也有电话磁场，一旦销售人员与客户的磁场吻合，交谈就会顺畅许多。

为了了解客户的磁场，建议销售人员在谈话之初用适中的音量与速度，等辨出对方的特质后，再调整自己的音量与速度，让客户觉得你和他是“同一挂”的。

3. 善用暂停与保留的技巧

所谓的暂停就是当销售人员需要对方给一个回答时，就一定的时间给对方思考。例如，当你问对方：“您觉得上午合适，还是下午合适？”说完就稍微暂停一下，等待对方回答，善用暂停的技巧，对方会有受到尊重的感觉。

保留则是在销售人员不方便在电话中说明或者遇到难以回答的问题时所采用的方式。例如，当对方要求销售人员电话中说明费率时，你可以告诉对方：“这个问题我们见面谈时当面计算给您听比较清楚”。如此将问题保留到下一个时空，也是约访时的技巧。

4. 强调产品的功能或独特性

在电话沟通时要多强调产品的特别，再加上“由您自己决定”，客户才愿意将他宝贵的时间给你。例如，“这个产品很特别，必须当面谈，

才能让您充分了解……”

切记不要说得太繁杂或使用太多专业术语，让客户失去见面的兴趣。

5. 表明不会占用太多时间

为了让对方同意约见，最常用的方法就是请对方给自己几分钟时间，表明自己不会占用对方太多的时间。通常情况下，对方会有“时间也不多，那就听听好了”的想法。销售人员则应该在短时间内吸引到客户，让其主动延长约见时间。

三、激发购买欲望？抓住对方的感性软肋

我的舍友杨芹大学毕业以后就做起了销售。现在在一家保健品公司任职，有一次她在进入一个住宅小区进行推销的时候，偶然看到小区绿地的长椅上坐着一位孕妇和一位老妇人，她走到小区保安那里假装不经意地问：“那好像是一对母女吧？她们长得可真像。”小区保安也很善意地回答：“就是一对母女，女儿马上就要生了，母亲从老家专门过来照顾她，只留下父亲一个人在家里……”

这个时候杨芹也来到了绿地旁，她亲切地提醒孕妇：“不要在椅子上坐的时间太长了，外面有点儿凉，你可能现在没什么感觉，等以后会感觉不舒服的，等生下小孩以后就更要注意了。”然后，她又转向那位老妇人：“现在的年轻人不太讲究这些，有了您的提醒和照顾就好多了……”

母女两个人开始跟杨芹闲聊起来，她们把话题从怀孕和生产后的注意事项讲到生产后身体的恢复，又讲到老年人要增加营养时，这时杨芹已经和那对母女交谈得十分愉快。接下来，那对母女已经开始看杨

芹手中的产品资料和样品了……

销售人员在确定了客户的需求后，不妨从顾客的需求角度出发谈一些顾客比较感兴趣的话题，但是这还达不到销售沟通的目的，因此就需要销售人员巧妙地将话题从客户需求转到销售沟通的核心问题上。例如：

"作为一个母亲对孩子的爱都是无私的，'世上只有妈妈好'说的不就是这个道理吗？如果妈妈都不关心自己的孩子，谁又会关心呢？您想想作为母亲您是非常细心的，如果您都没有考虑到为孩子买一份保险，还有谁会想得到呢？"

"叔叔，听说冷空气马上就要来了，今年的冬天会比往常更冷。您岁数大了，千万要注意保暖，免得到时候头疼感冒受罪，也可以避免关节炎的疼痛。您不妨考虑一下我们这款羽绒服，它既暖和又舒适，而且穿在身上非常轻……"

只要站在对方的角度去看待问题，就一定可以说到对方的心坎里，然后顺势把话题引到自己的销售话题上，这样就会让对方减少对销售的戒备心，有利于最后的达成交易。

1. 观察顾客的需求

如果销售人员把自己的开场白设计成"商业气味"浓厚的形式，那么一张嘴就可能会惹别人烦。因为这样的销售人员只是站在自己的立场上考虑问题，只是希望把自己的销售需求灌输到对方的脑袋里，却没有考虑到客户对这些信息有没有兴趣。这种完全着眼于自身愿望的销售沟通注定要经历很多波折，因为客户常常会打断一个人的推销，让人"赶快离开"，就算有些客户没有打断销售人员这种功利性的开场白，他（她）也不会把这些东西记在心里。

一旦销售人员停止介绍后，然后希望从客户那里得到一些反馈信息

时，会发现客户根本没有想开口说话的意思，他们唯一想说的就是“希望你马上离开”，例如：

销售人员：“您好，我是××公司的销售代表，这是我们公司新推出的产品，它样式新颖，比市场的那些更加耐用……”

客户：“我们没有需求。”

销售人员：“您先看看产品资料好吗？看完以后或许会改变想法。”

客户：“你没看到我现在很忙吗？根本没有时间看你的东西，请你马上离开这里……”

如果在一开始就像背诵课文一样介绍产品，根本不会得到顾客的好感。要想与顾客成功地进行互动，就先要找到共同的话题。那么最基本的要求就是要从顾客的需求出发。如果不注意顾客的需求，就算把产品说得天花乱坠顾客也不会购买。

2. 寻找客户感兴趣的话题

只有跟顾客聊得火热，顾客才会给销售人员销售的机会。因为顾客不会一开始就对销售人员的产品感兴趣，这就需要销售人员摸准对方的脾气，说一些对方喜欢听的话，然后伺机引出自己的销售目的。

例如，可以跟客户聊聊工作、孩子、家庭及重大新闻时事件等，然后来活跃彼此之间的沟通气氛、增加客户对自己的好感。

那么，销售人员要从哪几个方面入手去寻找顾客感兴趣的话题呢？

（1）从爱好出发，例如，体育运动、娱乐休闲方式等。

（2）谈论客户的工作，例如，询问客户想要在工作中取得什么样的效果或成就等。

（3）谈论最近发生的时事新闻，不妨每天早上浏览一下最近发生的时事，然后在与客户沟通的时候把刚刚通过报纸了解到的重大新闻拿来讨论一下。

（4）询问客户的孩子或父母的信息，如孩子几岁了、上学的情况、父母的身体是否健康等。

在寻找客户感兴趣的话题时，销售人员要特别注意一点：要想使客户对某种话题感兴趣，最好对这种话题同样感兴趣。因为在整个沟通过程中必须是互动的，否则就无法实现具体的销售目标。如果只有客户一方对某种话题感兴趣，而销售人员却表现得兴味索然，或者内心排斥却故意表现出喜欢的样子，那客户的谈话热情和积极性马上就会被冷却，这就很难达到良好的沟通效果。

所以，销售人员应该在平时多培养一些兴趣，多积累一些各方面的知识，至少应该培养一些比较符合大众口味的兴趣，例如，体育运动和一些积极的娱乐方式等。这样，等到与客户沟通时就不至于捉襟见肘，也不至于使客户感到与销售人员的沟通寡淡无味了。

四、温情而适度？过于热情会吓跑客户

王小姐最受不了化妆品柜台促销员的热情，她每次去买化妆品都会有许多导购员一拥而上，推销各种化妆产品，补水的、美白的……弄得她每次都无法脱身。所以每次到商场，王小姐看见化妆品柜台就绕道走。

吴先生对饭店的“零距离服务”颇为厌恶。到饭店用餐，本来是想一桌人自在愉快地吃个饭，但饭店规定服务员必须在旁边站着，随时准备听从客人的吩咐。吴先生吩咐服务员先出去，有事再叫。服务员一笑：“我们有规定，必须要零距离服务。”

冯女士每次去电子市场都会感到很不自在，因为有时心里并没有打算好买什么，只是想在逛的过程中看看有没有合适的。但每次售货员都会跟着问要买什么电脑、多大的、

多少钱等，让她不知该如何回答。几次下来，她都不敢进这些店铺了。

做销售对顾客热情，让顾客有宾至如归的感觉固然是好的，但热情过头则会引起顾客的反感，让人避之不及。作为销售人员，我们应该保持一份适度的热情，留有一些余地才是最合适的。

对于购物的顾客，销售人员应该细心观察。如果顾客一过来就环顾四周，销售人员应主动上前为其提供服务，礼貌地问道："您好，请问需要帮忙吗？""您好，您要买什么吗？""您找到合适的尺寸了吗？"对于走近货架就只看商品的顾客，销售人员不要贸然服务，待对方发问时再上前为其说明商品的特性即可，否则只会让这类顾客生厌。

向客户推销产品时，要懂得把握好分寸，不要太过于热情。一位生意人明白客户通常最讨厌的就是这种热情过度，因此他的秘诀是"鱼是要慢慢收网的"。去和客户应酬时，他总是浅谈一下生活琐事，公司方面的业务根本就不提及。虽然有人埋怨他不懂得抓住这个机会好好跟客户套近乎，但他总是说："如果那样，客户早就跑了。"客户往往在接触的第二天就会打来电话，说要签订合约。

要做到适度热情，我们还要注意是不是离客户太近了。当我们排队买东西时，若周边的陌生人上前问路，我们会本能地向后退一步；如果空间比较窄，我们甚至会无意地将上身向后倾，这是因为别人侵犯了我们的私人空间。同样的道理，如果我们和客户离得太近，客户也会有"被侵犯"的感觉，对我们产生反感。

每个人都很注重交际距离。所以表达热情时，要和对方保持适度的空间距离。**第一次与客户接触时最好保持在 1.2 米以外，这样沟通起来会比较轻松，不会有压力。**1.2 米以内是人们为自己的家人、亲戚、朋友预留的，除非客户主动靠近你，否则请保持与客户一定的距离。另外，对初见面或不熟的人做一些诸如拍肩膀、抚摸头顶等意在显示热情的动作也很不合适。

真正的热情是细节，更是智慧，需要销售人员不断地去琢磨。如果能在礼貌、尊重的基础上做到让客人“感觉不到关注，但关注无处不在”，那就是适度的热情了。

五、想要买卖做得长久？切忌死缠烂打

前几天，董总遇到了这样一位“调皮”的销售人员。她想向董总推销保险，首先聊到一些无关工作的话题，之后又忽然谈到保险，董总回答她说：“谢谢您的好意！我们不需要。”然后便挂断电话。

几分钟以后，这位女销售人员又打来电话，一上来就质问董总：“您怎么没听我说完就挂断电话呢？我还没给您介绍产品呢！”

董总哭笑不得说道：“谢谢，我们暂时不需要，需要的话再联系您！”然后挂断电话。

董总刚放下电话，这位女销售人员又打进电话：“你怎么又挂断电话？如果你不听我介绍完的话，我就一直给您打电话！”

董总第一次遇到这样难缠的销售人员，很是无奈！他自己手下也有几十名销售人员，但能够如此“坚持”的却没有，他很反感这样的推销方式，这种一直打电话的行为可以说是“骚扰”了。

在过去的10年间，那时候销售还没有现在难做。至少客户不会一接到电话就会挂掉。做销售，“坚持”固然很有效，但这种“坚持”要建立在客户的好感和不影响彼此正常工作生活的前提下。

销售人员在与客户沟通的时候被拒绝是再普通不过的事情，但是有些销售人员就选择对客户死缠烂打，顾客拒绝买他的东西他就一直“骚扰”顾客。这种带有“威胁”性质的话语更加会让对方反感。如果真的

想争取客户，死缠烂打绝对不是维护长期客户的方式，最重要的是要弄明白对方拒绝的原因，然后对症下药才能争取到客户资源。

在推销的过程中，销售人员接触客户、商谈细节到缔结单子的每一个环节都可能面临客户的拒绝，客户说“不”对于销售人员来说已经是家常便饭、稀松平常的事情，不被拒绝才是不正常的，因为没有拒绝就没有推销。

所谓的销售是从客户不买开始的，然后经历去耐心地劝导客户由不买到买的过程，因此，想要成为一个优秀的销售人员，在面对客户说“不”时，不要轻易就放弃，而是应该继续做出努力。想要促成购买，首先要弄明白对方为什么说“不”，一般可以从以下几个方面进行分析。

首先，从客户方面来说，可能会有这儿几个原因。

（1）客户的习惯性。有很多客户一见到销售人员，第一反应就是拒绝。拒绝只是客户的一种习惯性的反射动作，对于客户来说听完介绍就买，这种可能性很小。一般说来，只有拒绝才可以了解客户真正的想法，并且，拒绝处理是导入成交的最好时机。

（2）客户真没有这方面的需求。那么，客户说“不”是自然的事情。但是，在客户向销售人员提出“不需要”的拒绝意见时，千万不要气馁，不妨再争取一下，但要把握这个度，不要死缠烂打。这时候也是考验销售人员的勇气、智慧和反应能力的时候。

因为购买需求受很多的因素影响，所以如果在进行面谈之前，没有办法确定客户是否真的有需求，就要发挥自己的长处尽力去劝说客户。只有先排除“不需要”这一最不利的因素，才能促进成交。

（3）客户情绪不好、情绪焦躁的时候就算他原本想购买产品，也会因为一时的烦躁，故意提出各种意见甚至恶意反对。因此，不少销售人员抱着满腹的委屈回来，因为他的客户刚刚受到上司的批评，自己正好销售上门，于是就被当作“替死鬼”用来发泄了。在遇到这样的事情时要知难而退，改日再来。

（4）客户的购买能力。一般来说客户的购买能力是一定的，有就是有，没有就是没有，这是无法改变的。所以，当有些客户说“不好意思，我现在没有钱买”时，可能是客户真的没有这个能力。

大多数销售人员听了这话就泄气了，没有钱不是白费口舌吗？这时很多销售人员就放弃推销。但是，那些有经验的销售人员，是不会就此罢休的。他们知道，客户所说的“没钱”是极有弹性的，只要愿意买，钱的问题并非没有办法解决。

（5）客户没有决策权。有时候客户可能对产品比较满意，对价格也能接受，但是没有决策权，这也是客户说“不”的主要原因。在了解这一点以后，销售人员要有针对性地做一些劝说工作。

当然，销售人员一定要锻炼自己，使自己具有敏锐的观察力，这是获得销售成功的关键。

其次，客户说“不”也有销售人员方面的原因：

（1）销售人员没有跟客户进行有效沟通。沟通的目的在于消除戒心、达成共识。那么一个好的销售人员应该如何做呢？

要避免使用过多的专业术语；引用准确翔实的资料；用简洁明白的语言与人交流。假如销售人员做不到这一点，遭遇客户说“不”就在所难免了。

（2）没有建立信任感。建立双方的信任感是销售工作取得成功的关键，如果无法赢得对方的信任，那么销售工作也会难以进行。销售人员无法与客户建立信任是很平常的事情，毕竟刚刚认识让对方对自己无条件信任也是不可能的。因此，就要靠自己诚恳的态度、适当的举止、良好的形象在客户心里树立一个良好的形象。

（3）销售人员用姿态、架势压人。大多数客户由于不了解产品，于是在交流的过程中可能会提出一些幼稚的问题，然而有的销售人员就认为机会来了。由于在前面受到冷落，这时就要摆出一副导师的样子，姿态高高、架势压人，生生吓倒客户，最终导致客户说“不”。

总而言之，客户说“不”是正常的，有拒绝才会有推销，拒绝的背后潜藏着无限的商机。销售人员要善于发现和把握，化拒绝为接纳、化危机为转机，从客户拒绝的原因中判断客户的需求、获取客户的资讯、体悟客户的信任程度，并迅速调整推销策略。但是，要谨记“坚持”并不是要对客户进行死缠烂打。

六、不想惹人厌？别唐突打断对方的话

新同事小璐是一个性格开朗的女孩，在闲暇之余她总是喜欢找人聊天，可是我却发现小璐身边的朋友很少，小璐刚刚进我们公司的时候，其谦虚、热情的态度很快就得到大家的喜欢，可是渐渐的大家都发现小璐的问题，开始对她疏远。

原来热情开朗的小璐总是喜欢在工作之余找同事聊天，本来聊聊天、谈谈心是一件好事情，可是小璐有一个坏毛病却害了自己。那次小璐又在和陈姐聊起明星八卦，本来只是闲聊，陈姐无意中提起：“某某和某某最近传绯闻了……”

陈姐才说了两句，小璐立刻就打断陈姐的话：“哪里，我看的杂志不是这样讲的，明明就是某某和某某在一起的……”

陈姐见状就换了一个话题，开始说到自己对人生的看法，可是没说两句又被小璐给打断了。直到最后一直都是小璐在滔滔不绝地讲话，完

全没有给陈姐说话的机会，可是小璐却没有感觉到陈姐的不快。

小璐的这种说话方式已经成为一种习惯，一种无意识。等到小璐又找陈姐聊天的时候，就被陈姐推辞了。然后小璐又找到其他的同事聊天，可是和她聊过一两次以后大家都不愿意再和小璐聊天了。小璐很郁闷，想要改掉这个毛病，可总是改不了。

有一天，公司所有成员开会，领导说到一个问题的时候，出现了一点小的错误，大家都听出了错误，可是领导自己还没有意识到说错的时候，小璐立刻就打断领导的发言，纠正领导的错误，领导很欣然地接受了，还说小璐做得好，领导有错就应该指出来。

小璐听到领导的表扬还很得意，不久后她就被通知调到别的部门。这时她才意识到自己打断别人讲话的严重性，而这个苦果也只有自己吃了。

在我们与人交谈的时候，不要急着替别人讲话，人家只说了一个开头，而我们就立刻打断，头头是道地说着自己的见解。每个人都有自己的想法，我们怎么知道对方接下来会说什么话呢?

最有魅力的倾听者不是口若悬河、滔滔不绝，而是用心地倾听别人的诉说，倾听不仅是对别人的尊重，也是一种有素养的体现。

也不要急着帮别人讲完故事。如果他才开始说，就立刻打断他，帮他说完接下来的故事，那么他会觉得很尴尬，心里会很不好受。在讲述时，也不要去打断别人的话，即使这些事情自己听过无数遍，也应该耐着性子，听他把话说完，不到万不得已，就不要打断。否则就会在无意中得罪别人自己还不知道。

尤其是在职场中，我们要做个有礼貌的人，无论是在什么场合，听话说话对于我们都很重要，很多人失败的原因不是因为说得太少，而是因为听得太少、说得太多。说话固然是与人交流最主要的途径，可是听

话也同样是一门艺术，我们要懂得什么时候该说话，什么时候该闭上自己的嘴巴。

如果我们的身份是听众，对方在跟我们诉说着自己内心的话，我们同样也应该抱着同情和理解的态度去倾听别人的谈话，这是维护人际关系、保护友谊的有效方法。在交谈中有些人喜欢把自己当作主角，交谈的节奏由他掌握，喋喋不休地推销自己，这些不但不能让他的口才加分，反而会让人产生不好的印象。

在交际场上，一个失败的倾听者常会轻易打断对方的话。不可否认每个人都有自我表现意识，但是就算一个人的说法再正确，或者对方的观点自己不认同，都不可以轻易去打断对方的话。倾听是双方进行沟通的第一步，不轻易打断别人的话是倾听的基本法则。想要提高自己的交际魅力就要做好倾听这项工作，做一个好的倾听者也是对别人的一种尊重。我们都希望被人尊重，也不希望在自己侃侃而谈的时候，有人故意打断自己的话，无论是谁心情都不会好。

每个人都有两个耳朵，一个嘴巴，古体的听字是这样写的："聽"，耳为王，意思是让我们在听别人说话的时候，要多用到我们的耳朵，字的右侧是"十、四、一、心"，意思是我们在与人交流的时候不仅要用到耳朵，还要用到心。而且我们在"听"字里，并没有看到口，因此在听别人说话的时候只要用耳朵和心就好，也说明在别人说话的时候插嘴不是一件好事情。多听少说，在任何地方都会获取别人的信任，还会使别人感觉我们不是一个爱说是非的人。

如果一个人心里藏着事情，他就会启动自己说话的思维，直到他把话讲完，他才能听进去别人的意见。所以，假如一个人想让自己的意见被对方听进去，达到说服他的目的，那么他就必须先学会倾听别人讲话。

这样对方会感到别人很尊重他，很乐意听他讲话，从而产生了和这人说话的心理。对方对他产生了好感，会不知不觉地顺着他的思路去考虑问题，这一点也是说服他人的一项很重要的心理战术。

七、害怕张口就“悲剧”？选择最恰当的成交时机

我的邻居肖丽是一家大型服装商场的导购员，能说会道，见到邻居们总是热情地问好，在工作中更是业绩突出，有好多回头客经常专门找肖丽给她们推荐服装。我很好奇地问她是怎么做到的，她说：“其实做销售最主要的就是看有没有眼力，只有在客户真正对你的服装满意的时候，你去给顾客进行推销才能让顾客对这件衣服欲罢不能。”

然后她就举了一个例子，那天一个顾客走进店里，她可以看出顾客只是来逛逛，没有购买的意图。但是，肖丽还是认真地给顾客介绍了一款非常适合顾客的衣服类型，只要是顾客触摸到的衣服，肖丽都建议顾客试一下，最后顾客喜欢上了一件上衣，肖丽给顾客推荐了一条裤子。顾客试穿以后发现特别合适。肖丽又趁机说：“我们店里正在搞活动，买两件可以打六折。”这对顾客来说诱惑非常大，而且她又非常喜欢这一套衣服，于是就痛快地买了下来。

在整个销售过程中，很多销售人员经历了千辛万苦，最终的目的只有一个，那就是成交。成交也就是顾客对产品已经认可，并且准备立即购买产品或填写订单。它是每个销售人员最盼望的事情，也是整个推销全过程中最重要的环节。只要顾客配合完成交易，就算是成功地完成推销活动。

但是在现实的交易过程中，怎样巧妙、准确地把握好最佳成交时机，是每个销售人员都要仔细琢磨的事情。很多以失败告终的销售人员，就

是因为没有抓住最重要的时机问题。那么，销售人员该如何巧妙、准确地把握成交的最佳时机呢？

1．学会识别成交机会，反复尝试成交

在销售过程中要学会主动出击，让客户认识到产品的好处，以及产品会给顾客带来的哪些利益。倘若没有销售人员的再三介绍，顾客不可能平白无故去买一个人的产品，所以这就要考验销售人员是不是有一双火眼金睛。仔细观察应该什么时候向顾客提出购买请求。

大多数顾客是十分谨慎的，只有在了解产品的优势以后才会购买；但是，也会有个别的客户在了解产品的基本信息以后就会产生购买的欲望。有些顾客经过销售人员的第一次访问后，就已经产生购买的想法；但是有些顾客即使经过多次面谈，也不确定自己是否购买。当顾客出现购买欲望的时候，成交的时机就已经到了。

有人说，每次订单只有一次成交的机会，一旦错过就永远失去机会。这种说法并不科学。因为实际上的成交的机会并非只有一次，在整个推销过程中，如果销售人员学会识别成交时机，反复进行尝试，再次成交的可能性还是非常大的。

在出现以下几种情况的时候，销售人员就应该尝试跟顾客提出购买请求：

（1）顾客看起来心情非常好。

（2）顾客开始赞赏销售的产品。

（3）当销售人员对顾客的问题做了一一解答以后。

（4）把产品的主要优点介绍完以后。

（5）解释完并回答客户异议之后。

（6）客户对某一销售要点表示赞许之后。

（7）客户仔细研究产品、产品说明书、报价单、合同等之后。

2．密切关注并识别成交信号

想要巧妙而准确地捕捉成交时机，就需要销售人员关注顾客的一举一动，通过顾客的外在表现去观察顾客内心的需求，捕捉成交的信号。

如果在推销过程中，客户已经产生购买意图，那么这种意图就会有意无意地通过语言、行为、表情和事态流露出来。尽管成交信号并不必然导致成交，但是销售人员可以把成交信号的出现当作促进成交的最佳时机，抓住机会，敲定订单。

3. 捕捉最佳成交时机应注意的细节问题

在捕捉顾客的最佳成交时机的时候，要注意以下几个细节：

（1）跟顾客交流要注意方式和方法

销售人员与顾客交谈时的态度应该是平等的、积极的，口气应该是和蔼、协商式的，千万不要对顾客下命令如："你到底买不买？""你今天能不能跟我签协议？"也不要使用否定句："您对我们的产品不感兴趣，是吗？"等。

（2）掌握正确成交的方法

如果捕捉到了成交时机，但是用不对方法，也会跟成交时机擦肩而过。成交的方法较多，用得最多的有请求成交法、假定成交法、选择成交法，如"您准备买多少呢？""小姐，您就要这件吧？"在这个前提下，激发客户的购买欲望，而不能凭空使客户产生购买动机，采取购买行为。

（3）购买能力——成交的关键

想要成功促成交易，最关键的是要考虑顾客的购买力。客户要有稳定的收入、资金充裕、经济状况良好，这也是达成交易中必不可少的关键。

（4）良好的时机——成交的可能性

在推销工作中，销售人员可以利用良好的时机为交易提供更多的可能性。但是有很多销售人员操之过急，然后就会产生不良的紧张情绪，在不恰当的时间与不适宜的场合催促客户做出购买决定；还有的销售人员在顾客犹豫的时候不是乘胜追击，而是一味地沉默等待客户的回应，这样往往就会错失大好的成交时机。

4. 要善于制造紧迫感

如果销售人员看出来顾客已经对这件商品非常中意，只是还在犹豫时，此时不妨制造一些紧迫感，让客户知道如果错过了机会，以后就很难买到这么合适的产品了，这是一种坚定客户购买决心的方法。运用此法可使客户感到若不下决心购买，以后不是买不到，就是价格上涨，但这种方法只适合用于短缺产品或有销售时间限制的产品，反之会事与愿违。

当销售人员明确产品数量有限或者有期限时，客户会产生错过之后买不到的焦虑。销售人员通过有感情的语言强调产品的有限数量或期限，就会进一步提升客户的购买紧迫感，这非常有助于订单的促成。

读者意见反馈表

亲爱的读者：

感谢您对中国铁道出版社的支持，您的建议是我们不断改进工作的信息来源，您的需求是我们不断开拓创新的基础。为了更好地服务读者，出版更多的精品图书，希望您能在百忙之中抽出时间填写这份意见反馈表发给我们。随书纸制表格请在填好后剪下寄到：北京市西城区右安门西街8号中国铁道出版社综合编辑部 苏茜 收（邮编：100054）。或者采用传真（010-63549458）方式发送。此外，读者也可以直接通过电子邮件把意见反馈给我们，E-mail地址是：4278268@qq.com。我们将选出意见中肯的热心读者，赠送本社的其他图书作为奖励。同时，我们将充分考虑您的意见和建议，并尽可能地给您满意的答复。谢谢！

所购书名：________________

个人资料：

姓名：________ 性别：________ 年龄：________ 文化程度：________

职业：________ 电话：________ E-mail：________

通信地址：________________ 邮编：________

您是如何得知本书的：

□书店宣传 □网络宣传 □展会促销 □出版社图书目录 □老师指定 □杂志、报纸等的介绍 □别人推荐 □其他（请指明）________

您从何处得到本书的：

□书店 □邮购 □商场、超市等卖场 □图书销售的网站 □培训学校 □其他

影响您购买本书的因素（可多选）：

□内容实用 □价格合理 □装帧设计精美 □带多媒体教学光盘 □优惠促销 □书评广告 □出版社知名度 □作者名气 □工作、生活和学习的需要 □其他

您对本书封面设计的满意程度：

□很满意 □比较满意 □一般 □不满意 □改进建议

您对本书的总体满意程度：

从文字的角度 □很满意 □比较满意 □一般 □不满意

从技术的角度 □很满意 □比较满意 □一般 □不满意

您希望书中图的比例是多少：

□少量的图片辅以大量的文字 □图文比例相当 □大量的图片辅以少量的文字

您希望本书的定价是多少：

本书最令您满意的是：

1.

2.

您在使用本书时遇到哪些困难：

1.

2.

您希望本书在哪些方面进行改进：

1.

2.

您需要购买哪些方面的图书？对我社现有图书有什么好的建议？

您更喜欢阅读哪些类型和层次的计算机书籍（可多选）？

□入门类 □精通类 □综合类 □问答类 □图解类 □查询手册类 □实例教程类

您在学习计算机的过程中有什么困难？

您的其他要求：